DAY by DAY 東京

下飛機Day by Day ✈ 愛上

作者◎老蝦

太雅

作者序

老蝦一家都哈日，哈日到全家略懂日語。老蝦是日劇迷也是日綜粉，喜愛日本的程度到夢見偶像團體嵐在西班牙買別墅、與日劇女王天海祐希一起吃肯德基的等級。為了深入感受日本，自學日語從五十音開始，對話練習從日劇著手。

一向主打日本鄉下自駕風格的老蝦，在走遍九州、四國與關西後終於來到人最多的東京。漫步東京23區，老蝦發現，不同於日本其他地方，東京融合古典悠閒風情與現代快步時尚，各區的多元風貌自成一格。因此老蝦在本書精選個人喜愛的東京靜謐悠哉風景，富生活感的路線，期能顛覆東京人冷漠的傳聞——其實他們有溫暖可愛的一面。另外，東京現在大多數景點設施會提供中文說明，不用太擔憂語言問題；而讓觀光客煩惱的東京交通，書中也有便利解法！

感謝旅行協力陳彥如、家人親友的支持應援、太雅出版社編輯云也與美編忠哥、東京觀光臺灣事務所協助，以及所有幫助過我們的夥伴與讀者。最後感謝自己在寫完巴塞隆納後，再戰一本東京，感謝老天。

關於作者

老蝦，百大部落客兼愛吃的旅遊作家，擅長自助規畫與解惑的外語領隊，以「旅行是自己的事，讓你輕鬆旅遊就是老蝦的工作」為服務宗旨。撰有多國自助旅遊攻略，包括西班牙、祕魯、南印度、智利復活節島、日本四國自駕、日本九州自駕等。著有《巴塞隆納自助超簡單》(太雅出版社)。老蝦也是一名靈氣導師。

臉書：搜尋「老蝦」
部落格：老蝦不負責任的人生紀錄 shrimplitw.com
旅遊諮詢一對一：shrimplitw@gmail.com

DAY by DAY

下飛機 Day by Day 愛上 東京

10條一日行程 × 玩樂東京

Route 07 117

點綴理想生活，雜貨與甜點朝聖之旅。
等等力。自由之丘。中目黑
Au Bon Vieux Temps > 等等力溪谷公園 >
星火 > 自由之丘周邊 > うどん豊前房 >
Starbucks Reserve® Roastery

同場加映順遊 蔦屋家電/ビストロタマ

Route 08 135

品味東京時尚潮流的深厚底蘊。
奧澀谷。惠比壽
明治神宮 > 東京大清真寺 > 魚力 > セバ
スチャン > 奧澀谷周邊 > 惠比壽花園廣
場 > 惠比壽啤酒紀念館 > 燒肉トラジ

Route 09 151

爬山遊湖，擁抱東京的綠意與恬靜。
高尾山。吉祥寺
高尾山 > 高橋家 > 井之頭恩賜公園 > 井
之頭自然文化園 > 口琴橫丁 > 金子屋 >
Sometime 爵士酒吧

Route 10 167

港灣巡禮，乘載近代西化的日本第一。
橫濱
ウチキパン > 合味道紀念館 > まぐろ問
屋三浦三崎港 > 橫濱紅磚倉庫 > 橫頂二
塔 > 馬車道十番館 > 神奈川縣立歷史博
物館 > センターグリル > 橫濱地標塔展
望台

編輯室提醒

出發前，請記得利用書上提供的Data再一次確認

　　每一個城市都是有生命的，會隨著時間不斷成長，「改變」於是成為不可避免的常態，雖然本書的作者與編輯已經盡力，讓書中呈現最新最完整的資訊，但是，我們仍要提醒本書的讀者，必要的時候，請多利用書中的網址與電話，再次確認相關訊息。

資訊不代表對服務品質的背書

　　本書作者所提供的飯店、餐廳、商店等等資訊，是作者個人經歷或採訪獲得的資訊，本書作者盡力介紹有特色與價值的旅遊資訊，但是過去有讀者因為店家或機構服務態度不佳，而產生對作者的誤解。敝社申明，「服務」是一種「人為」，作者無法為所有服務生或任何機構的職員背書他們的品行，甚或是費用與服務內容也會隨時間調動，所以，因時因地因人，可能會與作者的體會不同，這也是旅行的特質。

新版與舊版

　　太雅旅遊書中銷售穩定的書籍，會不斷再版，並利用再版時做修訂工作。通常修訂時，還會新增餐廳、店家，重新製作專題，所以舊版的經典之作，可能會縮小版面，或是僅以情報簡短附錄。不論我們作何改變，一定考量讀者的利益。

票價震盪現象

　　越受歡迎的觀光城市，參觀門票和交通票券的價格，越容易調漲，但是調幅不大(例如倫敦)，若出現跟書中的價格有微小差距，請以平常心接受。

謝謝眾多讀者的來信

　　過去太雅旅遊叢書，透過非常多讀者的來信，得知更多的新資訊，甚至幫忙修訂，非常感謝你們熱心的幫忙與愛好旅遊的熱情。歡迎讀者將你所知道的變動後訊息，善用我們提供的「網上回函」或是直接寫信來taiya@morningstar.com.tw，讓華文旅遊者在世界成為彼此的幫助。

太雅旅行作家俱樂部

如何使用本書

本書包括8日東京市區、1日高尾山與1日橫濱的行程安排。各路線清楚說明行程特色、路線規畫、當日預算、交通串聯與區域地圖，還有各景點和周邊值得一訪小景點的介紹，連賞櫻、賞楓名所也一一囊括。

地圖

由於東京的鐵路網絡發達，書中不只包含「東京地下鐵路線圖」與「JR鐵道路線圖」，還貼心提供所經之處的「相關位置圖」，利用各大鐵路線的官方代表色製作簡圖，讀者也可從交通對策列出的鐵路名稱配色中辨識。而在各地區地圖中，亦以顏色加上名稱標示鐵路路線。

兩國、秋葉原相關位置圖

交通對策

兩國站有兩條鐵路可以抵達，JR兩國站與都營地下鐵大江戶線兩國站(兩站出口距離不遠)。兩國的大部分景點都靠步行沒問題。要往神田神社，推薦從較近的御茶之水站下車再徒步前往。

都營地下鐵 **大江戶線**

JR **JR總武線**

兩國 → **JR總武線 (￥140) 6分鐘** → **御茶之水** → **步行** → **秋葉原**

秋葉原

秋葉原商圈是全球矚目的3C賣場與動漫街，也是日本三大電器街(另外有大阪日本橋與名古屋大須)，不管撿便宜、採購各式電器零件、資訊零件，或是遊戲動漫周邊商品等，皆是東京首選。而這裡也有不少東京知名美食，等著滿足你的胃。

圖片提供／秋天原

末廣町
神田神社
本殿
神田明神文化交流館
大黑天
隨神門
多寶門
鳥居
湯島聖堂
御茶之水
聖橋
AKB48劇場
東京動漫中心
秋葉原
粉紅色 4、5、6為b
Route 05循環
明治大學
丸五
AKB48 Cafe
電器街出口
東京復活大聖堂
昌平橋
Maidreamin
新御茶之水
萬世橋
近江屋洋菓子店
神田ちょん子
小川町
淡路町

主景點遊逛排序、名稱與地點

都營地下鐵新宿線小川町站

小川町 淡路町

東京Metro地下鐵丸之內線淡路町站

近江屋洋菓子店
丸之內線
舊中山道
神田ちょん子
小川町 淡路町

資訊、地圖使用圖例

✉ 地址	✈ 機場		
☎ 電話	🚌 巴士、巴士站		
⏰ 時間	🚡 纜車		
休 休日	🚶 步行		
$ 價錢	● 景點		
➡ 交通指引	● 商店		
⁉ 注意事項	● 餐廳		
MAP 地圖位置	● 地標		
http 網址			

JR JR鐵道

🚃 私鐵

都營地下鐵

Ⓜ 東京Metro地下鐵

名物與經典美食

yummy
check! check!

東京日常好滋味

江戶四大名物／1

壽司

推薦店家 すし乃池，P.39

　　生鮮與米飯結合的極樂世界。新鮮與壽司無關，職人的心意與入口時機才是重點。吃過職人現捏壽司，壓根不考慮機器模型製作出來的壽司了。

江戶四大名物／2

鰻魚飯

推薦店家 野田岩，P.48

　　吃掉全球7成鰻魚的日本人，在鰻魚飯料理刀工、蒲燒手法、炭火選擇，到醬汁調配的堅持，很難在家裡重現，當然是上鰻魚專門店享用最棒，而夏至這天可是吃鰻魚的高峰。

江戶四大名物／3

蕎麥麵

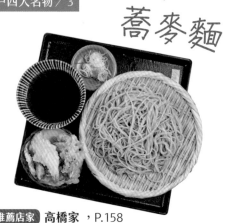

推薦店家 高橋家，P.158

　　日本三大麵之一的正統東京蕎麥麵，冷熱吃皆宜，也是江戶時期街頭庶民小食。來東京務必試試用濃口醬油與柴魚高湯等食材特製的關東風冷蕎麥麵。

江戶四大名物／4

天婦羅

推薦店家 金子屋，P.165

　　江戶人發揚光大的炸物美食。江戶時代的天婦羅，與臺灣現代的鹽酥雞一樣，都屬路邊攤小吃。浮世繪亦有江戶女子用竹籤大啖天婦羅的模樣，據說連養生的德川家康也非常愛。

東京經典美味／1

文字燒

推薦店家 近どう，P.114

不是廣島燒、也不是大阪燒，東京本土正統的文字燒吃法，只有實際上桌鏟過幾回方能領悟。有菜有肉，帶點焦酥鍋巴最適合邊聊天、邊小口品嘗。

東京經典美味／2

粟善哉

推薦店家 紀之善，P.82

溫熱的粟善哉（粟不是栗子，是粟米），粟米做成的糰子味道豐厚、香滑順口，與甜蜜紅豆餡一起吃，是少數幾道老蝦不願與他人分食的日式甜點。

東京經典美味／3

葛餅

推薦店家 雪月花，P.122

看起來很像灰白色蒟蒻的日式點心，是夏天的人氣甜品。吃起來有點像涼糕，配上香噴噴的黃豆粉與濃稠黑糖蜜，甜而不膩，消暑舒暢。

東京經典美味／4

相撲火鍋

推薦店家 ちゃんこ巴潟，P.64

為相撲力士打造身材的特製料理，營養均衡不需沾醬就能大快朵頤。放心，吃相撲鍋不會變成相撲力士。為什麼大部分的相撲鍋湯底選用雞骨、配料用雞肉丸子呢？答案在介紹中。

東京經典美味／5

炸豬排飯

推薦店家 丸五，P.70

日本西化運動後的傑出美食，與可樂餅、咖哩飯並稱日本三大洋食。光聞就開胃，咬下薄脆麵衣，口中綻放的濃郁肉汁，嚼著清脆爽口高麗菜，樸實價格大滿足。由於豬排（とんかつ）的發音與「勝」（かつ）同，因此日本考生上考場前有吃炸豬排祈求好運的習慣。

名物與經典美食

NY PERFECT CHEESE

哪裡買 **羽田機場、東京車站等**

　結合三位國際知名乳酪專家技術指導的甜點,招牌貓舌餅乾餅皮拌有切達乳酪,內餡夾著整條乳酪、白巧克力與碎堅果夾心。貴氣的包裝與扎實的內在,聰明人都知道要早起排隊,因為中午前就完售啦!

錦松梅

哪裡買 **上野站松阪屋 B1、東京車站等**

　日本的拌飯香鬆,以錦松梅堪稱東京代表,含有鰹魚、砂糖、芝麻等,甚至加了松子。附有田燒陶瓷,或是會津漆器容器盛裝的禮盒組,更顯貴氣。不管是捏成飯糰,或是夾著海苔吃都非常開胃。

敘敘苑 燒肉醬

哪裡買 **各大超市**

　燒肉連鎖集團「敘敘苑」已經成為高級燒肉的代名詞。如果想在家重現敘敘苑的美好滋味,原味燒肉醬一瓶在手,你我都是小當家。另有鹽味與甘辛口味,偷偷說,所有口味中,原味是No.1。

桃屋七味山椒醬

哪裡買 **各大超市**

　七味山椒醬是七味辣椒粉的進化版,含有芝麻、辣椒、山椒等,帶點柚子香氣以及海苔鮮味的七味山椒醬,適合拌飯配麵,作為香煎小魚乾的佐料更是畫龍點睛。

江戶小玩意

哪裡買 神田ちょん子，P.69

　環繞江戶生活與季節，精巧的手工藝品，連日本人也愛不釋手。尤其是老板親手製作的模型「江戶美食生活」，連江戶前壽司的配菜生薑都做得栩栩如生。

橫濱 Sils Maria 生巧克力

哪裡買 橫濱櫻木町站外直營店，P.170

　日本生巧克力發祥地，送禮自用都適合的鎮店口味「公園通りの石畳」只有橫濱買得到。另外北海道國士無雙大吟釀、鹿兒島自豪的芋燒酒口味，都讓人魂牽夢縈。吃入嘴裡，甜在心裡。

金婚清酒

哪裡買 神田明神文化交流館，P.68

　豐島屋金婚清酒不只頻頻獲獎，也是被多處神社指定供奉給神明的酒廠。東京限定的純米吟釀，是被譽為「清酒小鮮肉」的無濾過生原酒。果香帶出溫潤滋味，作清酒入門款再適合不過。

日式布製草鞋

哪裡買 MERIKOTI，P.65

　一雙舒適、好走又好洗的室內拖鞋，可讓人維持整天好心情。結合日本傳統編織手藝與北歐時尚設計，讓人穿過就不想再打赤腳。來編織最合腳的草鞋吧！

東京城市簡介

Tokyo

東京都人口數占了全日本7%，名列都道府縣第一位，神奈川縣與大阪府緊接在後。

遷至江戶，改名東京，奠定這個城市在日本政治、經濟與文化的地位，史稱「東京奠都」。

江戶過去粗分兩區，皇居（天皇住所）以東，是庶民居住的下町（したまち）。皇居以西地勢較高，在江戶時代是武士居住地，即一般所說的山手（やまのて）地區。隨著都市發展向外擴張，現今東京行政區有23區，本書的旅遊路線則包含台東區、千代田區等地，以及位於八王子市郊的高尾山和神奈川縣的橫濱。

2 地理
Geography

東京都位在日本列島中央的關東地區

沒有直接面對太平洋的東京，東南角緊臨的是東京灣，西有山梨縣、南接神奈川縣、東有千葉縣、北鄰埼玉縣。面積雖只有日本國土0.16%，是日本47個都道府縣中排名第三小。

「城東」屬新舊融合地區，至今仍可見昔日江戶風貌。台東區（淺草、谷中）面積最小但是繁華程度絕對不落人後。因應2020年東京奧運而打造的嶄新副都心就位在江東區（豐洲、台場），奧運選手村等都坐落於此。

「都心」是都會氣息的核心地帶。這一帶是皇居所在地，以及居民所得最高的千代田區（秋葉原、御茶之水、神保町、皇居）、自認所得最高的港區（東京鐵塔、麻布十番、六本木）、24小時五光十色的澀谷區（明治神宮、奧澀

1 歷史
History

東京古稱江戶，意思是江川的出海口

最早記載於鎌倉時代史書《吾妻鏡》，江戶以前是荒涼的小漁村，自德川家康在此設立幕府之後大力整建，經濟開始起飛。直到1869年明治維新時期，日本皇室正式從千年首都京都

∧ 東京車站

∧ 東京鐵塔

谷、惠比壽）、東京都政府所在地新宿區（神樂坂），以及文教氣息濃厚且多住宅的文京區（小石川後樂園、東京巨蛋、東京大學等）。

新潮建築與在地歷史和平共處的「城南」，在優雅時尚的氛圍裡有許多綠意空間，世田谷區（等等力、二子玉川）以居住環境為傲，房價或人氣都驚人的高。還有混合商業與高級住宅的目黑區（自由之丘、中目黑），因星巴克旗艦店與濃厚的生活感而帶動新一波人潮。

除此之外，多摩地域（高尾山、吉祥寺）、太平洋上的伊豆群島、小笠原群島等火山群島也屬於東京都。

3 旅遊季節
Travel Season
一整年都是最佳旅行季節

處於溫帶氣區，季節感分明。在春天賞櫻、夏天參加祭典、秋天賞楓與追銀杏，到了冬天有燈飾與濃濃過節氣氛相伴，甚至還能滑雪呢！四季的東京展現不同魅力。

∧ 淺草

奧多摩町　青梅市　埼玉縣

瑞穗町　清瀨市

日之出町　羽村市　武藏　東大　東村　東久留　板橋　北　足立

福生市　村山市　和市　山市　米市　練馬　豐島　荒川　葛飾　千葉縣

檜原村　秋留野市　立川市　小平市　西東京市　中野　文京　台東　墨田

昭島市　國分寺市　小金井市　武藏野市　杉並　新宿　千代田　中央　江戶川

八王子市　日野市　府中市　三鷹市　澀谷　港　江東

高尾山　調布市　世田谷　中央

山梨縣　多摩市　稻城市　狛江市　目黑

町田市　品川　東京灣

神奈川縣　大田　✈ 羽田機場

橫濱 🅟

東京都地圖
- ■ 區（特別區）
- ■ 市
- ▨ 町、村

∧ 東京灣

∧ 橫濱

Tokyo 15 ◢

A
東京機場交通
Airports

羽田機場與成田機場的旅客流量是全球民航客運之最，不愧是世界第一大都會區。

票」，週末、例假日與特定日發售，從機場出發在濱松町站轉JR山手線，只需¥500即可在山手線各站下車（單程一次有效）。

ppt.cc/fad67x

行駛方向	首班車	末班車
羽田機場→濱松町站	05:18	00:10
濱松町站→羽田機場	04:59	00:01

∧ 東京單軌電車

∧ 東京單軌電車的機場站月台

1 羽田機場
Haneda Airport，HND
日本最繁忙的機場

羽田機場名列全球機場客運吞吐量Top 5、也是日本最繁忙的機場。目前有三棟航廈，第一航廈以JAL為主、第二航廈以ANA為主，其餘國際航班在國際線航站（第三航廈）。從國際線航站前往東京市區的大眾運輸有三種方式。

東京單軌列車

特色：每4分鐘一班，對於要前往濱松町、東京車站、秋葉原、上野、新宿、澀谷等地的人來說最方便。

搭乘方式：直接刷交通IC卡搭車，或在自動售票機購票。

注意事項：另有「單軌列車與JR山手線優惠

京濱急行線(京急電鐵)

特色：從羽田機場前往東京都心或橫濱最快速的交通手段。

搭乘方式：直接刷交通IC卡搭車，或在自動售票機購票。

注意事項：列車種類有機場快特、快特、特急、機場急行與普通車，務必確認是否停靠目的地。

ppt.cc/fUcR2x

∧ 京急電鐵刷票閘口

利木津巴士

特色：適合不想搬行李穿梭在車站的旅客，有些停靠站直接設在飯店門口。

搭乘方式：可拿現金在機場巴士售票窗口、自動售票機購票。

注意事項：不可使用交通IC卡搭乘利木津巴士。

∧ 利木津巴士自動售票機，可刷卡購票

ppt.cc/fW42Gx

2 成田機場
Narita Airport，NNA

臺灣飛東京班次最多

位在東京東邊的千葉縣，機場有三棟航廈。廉航據點在第三航廈，這裡有巴士來回東京或其他地方(但沒有電車)。回程若要到三航，叮先搭電車至二航下車再至三航，務必預留交通時間。進出機場方式如下。

電車

選擇：有Skyliner、Access特快、京成本線、成田特快N'EX、JR線這5種鐵路。

注意事項：前往東京車站，可搭JR與成田特快N'EX(時間最短)。前往上野或日暮里，可至第一或第二航廈搭乘Skyliner(時間最短)與Access特快。

ppt.cc/fqcQJx

巴士

選擇❶：京成巴士(Tokyo Shuttle)，往返成田機場與東京站，線上預約有折扣。

選擇❷：機場利木津巴士是最多觀光客選擇的搭車方式，網羅東京都心主要區域與多間飯店與車站。

選擇❸：THE ACCESS NARITA巴士，不需預約，直接車上買票即可。

京成巴士
ppt.cc/fDZ3mx

利木津巴士
ppt.cc/fCsr3x

ACCESS
ppt.cc/fnwmgx

∧ 航廈聯絡通道，做得跟跑道一樣

∧ 在成田機場第三航廈，有一種人人皆跑步選手的錯覺

豆知識

成田機場別名
成田機場兼任運輸水產品的重任(如鮪魚)，因此又有「成田漁場」之稱。

羽田機場觀景展望台
可以像日劇演的一樣，觀看飛機起降。

圖片提供/許志忠

6大好用交通票券

選擇交通票券的關鍵，取決於出發地點。只要善加利用，就能替荷包省下幾頓餐費！

圖片提供 / 許志忠

1 交通IC卡 Suica、PASMO

最不傷腦筋的選項

特色：類似臺灣的悠遊卡，分別由JR東日本與PASMO公司發行，兩張卡功能一樣，可刷卡搭車（新幹線除外），亦可當成電子錢包購物。如果卡片餘額不足，則無法進出閘門（改札口），要先找精算機用現金加值。

價格：¥1,000～¥10,000，含押金¥500。

銷售地點：可在JR東日本車站的多功能售票機、車站PASMO售票機、JR售票口與JR東日本旅行服務中心購買。

JReast

PASMO

2 東京地鐵通票 Tokyo Subway Ticket

大受外國旅客歡迎

特色：外國人觀光簽證限定使用，在有效時間內不限次數搭乘東京地下鐵全線，以及都營地下鐵全線。因為能混搭兩種地鐵系統，是目前最熱門超值的交通票券，建議提前買票最方便。第一次刷票進入閘門開始計算24、48或72小時內有效。

價格：24小時票成人¥800，兒童¥400。48小時票成人¥1,200，兒童¥600。72小時票成人¥1,500，兒童¥750。

銷售地點：可在羽田機場國際線觀光資訊中心、成田機場京成巴士售票台、東京地下鐵旅客服務中心，以及指定的飯店與旅行社（如雄獅旅遊）等提前購票。

Tokyo Subway

3 東京Metro地下鐵 24小時車票 Tokyo Metro 24-hour Ticket

適用東京地下鐵

特色：開始刷票後24小時內，可無限次數搭乘東京地下鐵。因為限用東京地下鐵，要先確定行程路線是以東京地下鐵為主才划算。

價格：成人¥600，兒童¥300。

圖片提供 / 許志忠

銷售地點：當日票在東京地下鐵站售票機購買，預售票在東京地下鐵定期售票口購買。

東京 24 小時

4 都營一日券
Toei One Day Pass
適用都營系列

特色：一日內可以任意搭乘都營地下鐵全線（淺草線、新宿線、三田線、大江戶線）、都營巴士、都電荒川線與日暮里舍人線。單程票付現¥180，拿這張卡等於搭4次就能回本。效期當日有效。

價格：成人¥700，兒童¥350。

銷售地點：都營地下鐵站窗口、都營巴士、都電荒川線等的定期月票售票處。

都營一日券

5 東京都區內通票 JR
Tokunai Pass
搭JR遊走23區

特色：東京23區內無限次搭乘JR普通列車（限普通車廂自由席，乘車處包括東京、新宿、澀谷、品川、上野等站。適合使用多條JR路線的旅客。效期當日有效。

價格：成人¥760，兒童¥380。

圖片提供／許志忠

銷售地點：在JR東日本車站售票機、JR售票處(綠色窗口)、旅客服務中心購買。

都區內通票

6 百合海鷗線一日券
Yurikamome One Day Pass
整天玩台場就是它

特色：售票當天無限次數乘坐百合海鷗線，例如青海站、日之出站、台場站、御台場海濱公園站、市場前站等。尤其適合整天都在台場周邊遊玩的旅客。當日營運時間內有效。

價格：成人¥820，兒童¥410。

銷售地點：百合海鷗線各站自動售票機。

百合海鷗線

圖片提供／許志忠

∧ 百合海鷗線的市場前站，可前往豐洲市場

∧ 百合海鷗線刷票閘門

∧ 百合海鷗線搭乘月台(圖片提供／許志忠)

動手做料理

cooking hot! hot!

文字燒

一邊做，一邊用麵糊寫字的東京庶民美食

　　看起來很繁瑣的文字燒（もんじゃ燒き）是東京人的 B 級美食。不論正餐或宵夜，只要一卡平底鍋就能在家搞定。在快速拌炒中體會文字燒的真諦，有菜、肉，也有海鮮，燙口的焦香鍋巴讓人食指大動。

料理時間：10 分鐘

料理難度：★

食材準備：月島文字燒材料組合包（含粉與醬汁）

購買地點：月島各超市 (P.105)

材料 (2 人份)

水	250ml
高麗菜	150g
肉片	隨意
雞蛋	一顆
小蝦米	少許

其他喜歡的配料，如蔥花、海苔粉、大蒜、起司、麻糬、明太子等。

小祕訣

■製作中空圓形的形狀時，盡量避免有縫隙，造成醬汁溢出。

■加熱過程以中火為主。

■如果手邊沒有月島文字燒材料組合包，低筋麵粉與高湯 1：5.5，再加上少許醋，便是你的麵糊救星。

做法與步驟

1. 混合粉、月島醬汁與水，均勻攪拌成一碗麵糊。

2. 將高麗菜絲、肉片、雞蛋、小蝦米一起放入麵糊。

3. 少油熱鍋，將步驟 2 佐料撈出，放入鐵板拌炒，並排成中空圓形狀。

4. 將步驟 1 的麵糊分段倒入中空圓形內，避免溢出。

5. 等 2 分鐘開始攪和拌炒，食材快凝固時再用鏟子壓平。

6. 稍等收乾，依個人喜好撒上蔥花、海苔粉，開動。

10

條一日行程

玩樂
東京

造訪千年古寺，窺探下町的繁華與寧靜。

淺草。谷根千
asakusa, yanesen

下町泛指靠海或河的低窪地區，類似臺灣的老街。從淺草觀音初次顯靈處的「待乳山聖天」作為下町起點再好不過。外國人口中「很東京」的地方正是淺草。雷門不只是淺草地標，也是有拜有保佑的靈驗證明。參拜後在「淺草寺」附近遊逛，與其盯著日本傳統浮世繪，不如自己刷一張木版畫來得印象深刻吧！午餐後前往谷根千地區，從東京十社之一的「根津神社」開始。若你踩著高跟鞋來，肯定被谷中這一帶高低起伏的路面嚇得把鞋脫了。人家說淺草有著江戶熱鬧的縮影，那谷根千地區就是停留在昭和時代的質樸生活。蜿蜒狹窄的石階，錯綜曲折的小巷，慢步調與人情味都在「谷中銀座商店街」。而為何谷根千地區滿街金髮碧眼的海外觀光客？一起來瞧瞧。

Route 01 行程計畫

造訪江戶千年古寺，
窺探下町的繁華與寧靜。

08:00 ~ 08:40

Start

1 待乳山聖天

🚶 往南沿著江戶通走18分鐘至「淺草」站，往西沿著雷門通走2分鐘，即可看到雷門

09:00 ~ 10:00

2 淺草寺

🚶 沿著仲間世通往南走

10:00 ~ 11:10

3 淺草寺周邊

🚶 往北穿過淺草寺走10分鐘

11:20 ~ 12:50

4 釜めし むつみ

🚶 往南沿仲間世通走6分鐘，往西沿傳法院通走4分鐘

13:00 ~ 14:00

5 木版館

🚌 從巴士站「淺草公園六區」搭都營巴士草63於「團子坂下」下車，往南沿不忍通走8分鐘

14:45 ~ 15:45

6 根津神社

🚶 往南沿不忍通，再轉一間通走15分鐘

16:00 ~ 17:00

7 カヤバ 咖啡

18:10 ~ 19:40

Goal 9 すし乃池

🚶 往北走10分鐘

17:10 ~ 18:00

8 谷中銀座商店街

🚶 往南沿よみせ通走10分鐘

一日花費	釜めし むつみ	1,100
	木版館	2,000
交通未計 幣值日圓 含税	カヤバ咖啡	1,100
	すし乃池	2,500
	Total	6,700

淺草、谷根千相關位置圖

日暮里
千駄木
谷根千
鶯谷
入谷
根津
上野
淺草 淺草
京成上野
上野
稻荷町
淺草
上野御徒町
仲御徒町
田原町
上野廣小路
御徒町
新御徒町

🚆 交通對策

　Route 1在台東區與文京區移動，從淺草開始。徒步是欣賞淺草最棒的方式，如果想節省腿力，可以搭人力車到處轉轉。提醒你，淺草站總共有4個，其中**東京地下鐵、都營地下鐵**與**東武鐵道淺草站**，比較接近主景點與淺草觀光文化中心。**筑波快線淺草站**則位在淺草寺西邊，從A1出口可以看到淺草演藝廳。午餐後搭公車到谷根千周邊，邊吃邊漫步到谷中銀座商店街。

東京地下鐵 Ⓜ️ 銀座線

都營地下鐵 🔷 淺草線

東武伊勢崎線 (東武晴空塔線) 🚆

筑波快線 (Tsukuba Express) 🚆

淺草 ━━ 🚌 都營巴士(¥210) ━━ 谷中 根津 千駄木

45分鐘

淺草

因為過去野草稀疏而得名的淺草，是江戶時代的花花世界，當時流行的庶民娛樂都集中在這裡，用夜夜笙歌形容還略顯不足。縱使經歷1923年關東大地震、二戰等摧殘，堅韌的日本人加上有效率的災後重建，使得淺草成為東京內少數幾處保有江戶懷舊風情的地區。

一葉櫻‧小松橋通

千束通

釜めし むつみ

今戶神社

待乳山聖天

合羽橋道具街

合羽橋道具街通

言問通

壽々喜園

筑波快線

淺草花屋遊樂園

觀音堂（本堂）

淺草神社

淺草寺

淺草

五重塔

寶藏門

馬道通

合羽橋本通

淺草公園六區

淺草演藝廳

西友超市

傳法院通

木版館

梅園

仲見世通

滿願堂

隅田川河畔

隅田川

仲景世通商店街

東武伊勢崎線

鏡見通

江戶通

淺草寺周通

雷門通

雷門

杵屋通

淺草文化觀光中心

龜十

淺草

吉野通

言問橋

銀座線

田原町

淺草通

淺草線

吾妻橋

N

08:00 ~ 08:40

Start

健康錢財通通來
待乳山聖天
Matsuchiyama Shouden

http www.matsuchiyama.jp ✉東京都台東區淺草7-4-1
📞03-3874-2030 🕐本堂：4～9月06:00～16:30，10～3月06:30～16:30。庭園：每日09:00～16:00 ➡️銀座線「淺草」站2號出口，或是淺草線「淺草」站A4出口，步行15分鐘 🗺️P.26

　　正想說怎麼這間寺廟的地勢特別高？一夕之間破土而出的小丘陵，正是傳說中淺草觀音首次顯靈之處，這裡是淺草寺的分院「待乳山聖天」。為了紀念喜愛白蘿蔔的土神「大聖歡喜天」（又稱毘沙門天），信徒於是興建此寺供奉。你沒看錯，唯一供品是健康又好吃的白蘿蔔。境內的石碑、燈籠與本堂入口，無處不是白蘿蔔。想賺錢嗎？記得用心朝拜這裝滿砂金的寶袋，做生意的人特別喜歡祈求業績長紅、生意繁榮。

1.待乳山聖天是日本三大供奉大聖歡喜天的重要寺院 / 2.兩根白蘿蔔交纏像是握手相好，表示夫妻和睦 / 3.祈禱錢都來我的口袋 / 4.完善的無障礙設施，幾秒內即可攻頂的單軌鐵道(さくらレール)就在側門 / 5.來此處參拜不用鮮花水果，請大方用白蘿蔔祈求良緣

2 千年古蹟．重要文化財產
淺草寺
Sensouji

🌐 www.senso-ji.jp ✉ 東京都台東區淺草2-3-1 ☎ 03-3842-0181 🕐 4～9月06:00～17:00，10～3月06:30～17:00 🚇 銀座線「淺草」站1號出口，或是🚆淺草線「淺草」站A4出口，步行5分鐘 🗺 P.26

東京最古老寺院，因為從附近隅田川撈起一尊觀世音像而得名。每年慕名參拜的人次超過3,000萬，比臺灣人口2,360萬還多！堪稱日本第一。想祈求健康或是變聰明嗎？試著在香爐前將煙撥向自己的額頭，聽說很靈驗喔！如果你4月8日佛誕日（慶祝佛祖誕生）到訪，可以參加幫佛祖淋茶的活動。

＞舀起甘茶，替手指比著唯我獨尊的佛祖淋浴

Check 1
雷門

東京地標，觀光客必訪之處，重要程度非同小可。本名「風雷神門」的雷門，位在淺草寺正面入口，由風神與雷神在兩旁守護，配上大紅燈籠，就是世人對淺草的經典印象。這紅色大燈籠，可是企業家松下幸之助向淺草觀音許願成眞的還願禮呢！

＞大紅燈籠的背後寫著雷門本名「風雷神門」

∧現在的雷門，是20世紀初再建造的版本

Check 2
仲見世通商店街

有神之處，必有人氣，也自然就有參道（參拜道路）。連接淺草寺與雷門之間的這條路，是日本最古老的商店街之一，集結日式傳統甜食、工藝品店家，將近百間的伴手禮店，讓人踏進去就很難脫身。如果想飽覽商店街滿滿人頭的霸氣場景，上淺草文化觀光中心8樓展望台，便能一探究竟！

∧人氣滿滿的仲間世通

Check 3　寶藏門

穿過人群、雷門與仲間世通，就來到了寶藏門。記得抬頭望一下，這座兩層樓建築，因2樓是文物收藏庫而命名寶藏門。

目前雖不開放，但兩側威武的門神「金剛力士像」仍然值得定睛瞧瞧。

∧ 寶藏門內側高達4.5公尺的大草鞋

< 金剛力士像

∧ 寶藏門。金剛力士像和大草鞋都能驅魔辟邪

Check 4　五重塔

佛教寺院常見建築，底層是靈牌殿，供養著信徒祭祀的祖先牌位(已不開放申請)，類似臺灣靈骨塔。據說，五重塔放有斯里蘭卡伊蘇魯穆尼亞寺(Isurumuniya)捐贈的佛舍利。

∧ 五重塔(左)靠著中央心柱躲過許多地震，晴空塔也運用了類似設計

Check 5　觀音堂(本堂)

本堂分為「前之間」與「奧之間」，據說奧之間供奉著最早被撈起的神祕觀音像，可惜不對外開放，真相不明。好在仍開放信徒參拜「前之間」的「御前立觀音像」，記得脫鞋再入內(日文：土足嚴禁)。

> 裊裊香火襯托出肅靜氣氛

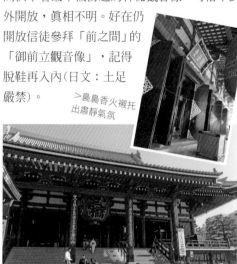

∧ 入內方感受觀音堂氣勢恢宏

Check 6　淺草神社

重要文化財

比起熙熙攘攘的雷門與淺草寺，淺草神社的幽靜顯得與眾不同。神社的神殿是由幕府將軍德川家光捐贈興建，幸運顯神蹟躲過東京大空襲，目前是國家重要文化財。為紀念當初撈起觀音像，以及供奉的三社權現(神的化身)，5月三社祭舉行萬人抬轎的祭典，象徵神明下凡顯神威(5月第三個週五起，為期3天)。

> 神社神紋「三網紋」，漁網象徵在隅田川發現與協助興建淺草寺的人們

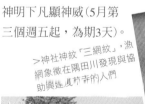

∧ 神社旁有棵美麗的櫻花。越往深處走，越覺得清幽

3 集知名建築與甜點老店於一身
淺草寺周邊
Sensouji Area

　　有寺廟、有人潮的地方就有攤販。這兒香火鼎盛聞名各地，自古是日本人度假郊遊的熱門地點，來寺廟參拜祈願固然是重點，品嘗屬於淺草地區的美味更是大事。

※ 淺草寺的另一種視角

淺草文化觀光中心
Asakusa Bunka Kanko Center

✉東京都台東區雷門2-18-9 ☎03-3842-5566 ⏰每日09:00～20:00(8樓展望台開放至22:00) ➡🚇銀座線「淺草」站2號出口，或🚃淺草線「淺草」站A4出口，步行2分鐘 🗺P.26

　　這棟結合日式木造風格與現代立體感的建築，是建築師限研吾的作品，利用天然採光、木材、石頭與玻璃不規則的角度與高度，遠看就像堆疊在一起的平房，不可思議。觀光中心

∧如果時間剛好，一定要參加日本舞免費體驗，非常好玩

<眺望淺草寺最佳地點在哪裡？文化觀光中心8樓的淺草Halle Terrace屋頂，白天黑夜都美麗

提供多國語言旅遊諮詢、觀光情報、外幣兌換和無線網路等觀光客需要的一切。8樓展望台可遠眺望整條仲見世通商店街的盛況。

豆知識
隈研吾 (1954～)

出身橫濱的知名建築師。以日式元素融合大自然的風格聞名，在業界又稱「隈研吾流」。根津美術館、三得利美術館，以及2020年東京奧運主場館「新國立競技場」等皆出自他的創意。

※ 東京最好吃的銅鑼燒

亀十
Kameju

吃了會讓人感動
流淚的銅鑼燒

✉東京都台東區雷門2-18-11 ☎03-3841-2210 ⏰每日
10:00～20:30 ㊡不定休 ➡️🚇銀座線「淺草」站2號出
口，或🚇淺草線「淺草」站A4出口，步行2分鐘 🅼P.26

　逾80年和菓子老店，以傳承江戶庶民口味
為己任，一出爐就秒殺的銅鑼燒，中午前賣光
是常態。餅皮是亮點，質地吃起來厚實鬆軟如
海綿蛋糕，帶點麻糬嚼勁的口感非常好吃！也
是老蝦私心喜
歡，想帶回臺
灣自己獨享的
甜食。

>店門口沒人排隊，
就代表銅鑼燒賣光了

※ 東京名產

梅園
Umezono

抹茶あんみつ上
的栗子好誘人

🌐www.asakusa-umezono.co.jp ✉東京都台東區淺草
1-31-12 ☎03-3841-7580 ⏰每日10:00～20:00 ㊡每月
不定期休2次週三 ➡️🚇銀座線「淺草」站1號出口，或
🚇淺草線「淺草」站A4出口，步行5分鐘 🅼P.26

　日本人推薦的甜點老店，1854年開幕以來味
道從沒變過。店員說好吃的抹茶餡蜜（あんみ
つ）果然厲害。在白玉（口感偏軟的湯圓）、帶
顆粒的紅豆泥、鹹味的紅豌豆，以及脆口的寒
天上淋著香濃抹茶黑蜜，茶香的澀甜讓人難以
忘懷。

>上哪吃日式
甜點？招牌上
寫「甘味處」
就是了

※ 吉原花魁的最愛

滿願堂
Mangandou

芋金一個¥129，
真是物美價廉

✉東京都台東區淺草1-21-5 ☎03-5828-0548 ⏰每日
10:00～20:00 ➡️🚇銀座線「淺草」站1號出口，或🚇淺
草線「淺草」站A4出口，步行4分鐘 🅼P.26

　店內招牌芋金（芋きん）說穿了就是方形烤地
瓜。芋金前身叫「吉原金鍔燒」，是江戶時代
吉原娼妓間流行的高
級點心。為不浪費食
材，滿願堂的老板將
整顆地瓜連肉帶皮，
做成不帶一絲纖維的
閃亮亮貴氣甜點，地
瓜美味細膩的口感可
比栗子餡。

※ 地表最濃抹茶冰淇淋

壽々喜園
Suzukien

最濃抹茶配上帶米
香的玄米茶，絕配

🌐www.tocha.co.jp ✉東京都台東區淺草3-4-3 ☎03-
3873-0311 ⏰每日10:00～17:30 ㊡不定休 ➡️🚇銀座線
「淺草」站1號出口，步行10分鐘 🅼P.26

　不論是不是抹茶控都想一探究竟的世界之
最。與靜岡抹茶合作，推出7種濃度的抹茶義
式冰淇淋，尤其是榮獲農林水產大臣賞的7號
高級抹茶，更是初嘗者必選。與市售口味雷同
的1號抹茶相比，7號抹茶粉用量超過3倍，苦
澀中帶甘回甘，給有勇氣的你挑戰。而與丸七
製茶なな
や合作的
限定茶味
巧克力，
一盒中有
各種抹茶
濃度。

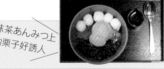

如果有菜單選擇障礙，五目
釜飯是店家推薦最好選擇

[4] 奧淺草的亮點美食
釜めし むつみ
Kamameshi Mutsumi

✉東京都台東區淺草3-32-4 📞03-3874-0600 🕐每日
11:30～21:30 休不定休 ➡🚇銀座線「淺草」站1號出
口，步行12分鐘 MAP P.26

　　外觀有如舊倉庫，實際是創業超過50年的釜
飯老店。慢煮加燜蒸，直到木蓋的木香都滲進
米飯中。現點現煮，從點餐到上桌需30分，上
餐後請先聞再吃，味道清香中帶鮮，雞肉、鮮
蝦、菇、竹筍、蛤蠣什麼都有的五目釜飯(五
目釜めし)是必點口
味。享受各式食材在
口中的美妙鮮味，不
由自主地一直添飯，
直到把焦脆鍋巴吃完
為止。

＞對海外觀光客很友善的店
家，提供榻榻米座位，入店需
要脫鞋

其他推薦
江戶吉原花魁遊街

　　「江戶吉原花魁遊街」屬「淺草觀音後街一
葉櫻祭」活動之一。看過《仁醫》的朋友應該
對花魁不陌生。淺草在江戶時期本是「吉原
遊廓」花街之地，即花魁與遊女(皆為性工作
者)的領域。又稱太夫的花魁精通琴棋書畫，
當被客人指名，就會有一場大陣仗的迎接儀
式(有點像出巡)，稱為「花魁道中」。如果選
擇4月來東京，別錯過第二個週六下午的花魁
遊街，記得提早至少30分鐘來卡位。

13:00 ~ 14:00

Route 01

遊玩鐵則
記得先
預約！

5 親手刷製版畫
木版館
Mokuhankan

木版館
Mokuhankan
Woodblock prints
http://mokuhankan.com
070-5011-1418

Woodblock Prints

🌐 mokuhankan.jp ✉ 東京都台東區淺草1-41-8 📞 070-5011-1418 🕐 每日10:00～17:30 🚫 週二 🚇 銀座線「淺草」站1號出口，或 淺草線「淺草」站A4出口，步行7分鐘 🗺 P.26

浮世繪是描繪人生百態的木版畫，靈感起源自中國早期木版水印，現為日本獨特的繪畫藝術。因為熱愛浮世繪，來自加拿大的木版館老板David來到日本自學，並選擇悠哉的淺草作為推廣據點，開立木版館。從打稿、雕刻到印刷，正因為手工層層印製，連片片雪化都有著無可取代的立體感，透著光看的實感很強烈，

1.老蝦手中圓形的馬楝(ばれん)，竹纖維材質細膩，印刷多次也不會生熱導致紙張走樣，施力的大小會影響馬楝在紙上印出的風格 / 2.木版畫印製之前，需先刻好木板，再鋪上和紙印刷 / 3.體驗多色印刷的木版畫是認識浮世繪的捷徑 / 4.左邊是留著瀟灑鬍子的David

每張版畫都獨一無二。David親切招呼來自各地對浮世繪懷有熱情的客人，在藝術之前沒有國籍距離，感覺溫暖。

對小版畫製作有興趣的人，除了親自體驗，也推薦觀看小說改編的NHK日劇特別篇《眩～北齋的女兒～》。跟著天才畫師葛飾北齋女兒的視角，回顧葛飾不平凡的一生。「70歲以前的畫不值得一提，還要努力一下，才能在100歲畫出一些了不起的東西。」意志力堅韌的北齋，藉由這句話透露精益求精的信念，將近90歲高齡辭世，留下許多精采作品。

木版館
Asakusa Tokyo

谷根千

　　谷根千是谷中、根津、千駄木這三個地名的合稱，往東北接日暮里，往東南是上野。由於進出成田機場方便，因此很受觀光客青睞，也是許多海外觀光客踏進東京的第一站。此外，日暮里地名的意思是「直到太陽下山也不厭倦之地」，去過你就知道是否名副其實。

圖片提供/許志忠

N

🚉 日暮里・舍人線

日暮里中央通

JR 🚉 日暮里

京成本線

谷中銀座商店街 ⑧

後藤の飴

邪悪なハンコ屋
しにものぐるい

YANAKA
COFFEE

中野屋

朝倉雕塑館

観音寺「築地塀」

千代田線

よみせ通

千駄木 🚉

團子坂下

CIBI

⑨

すし乃池

谷中靈園

蛇小徑

不忍通

貓町藝廊

上野櫻木あたり
谷中ビアホール啤酒屋

大名時計博物館

谷中有名的楓樹
「喜馬拉雅雪松」

⑦

カヤバ咖啡

⑥ 根津神社

不忍通

言問通

京成

↘往根津站

14:45 ～ 15:45

Route
01

遊玩鐵則

每年春季舉辦文京杜鵑花祭（文京つつじまつり），花季約莫一個月，敬請把握。中午前來訪可避開人潮。

6 杜鵑花季萬頭攢動 **重要文化財**

根津神社

Nezu Jinja

http www.nedujinja.or.jp 📧東京都文京區根津1-28-9
📞03-3822-0753 🕐社務受理每日09:00～17:00 ➡️🚇千代田線「根津」站2號出口，步行5分鐘 MAP.34

已古老到大家都不知曉這座神社的起源，傳說將近2,000年前由日本武尊（皇室家族之一）興建於千馱木，直到德川第五代將軍德川綱吉將神社遷至此地，幸運未受戰爭波及而保留至今。春天來臨之時，百種杜鵑齊綻放的嬌氣，搭配連綿的鮮紅鳥居，足人氣賞花景點，晚來就只能用相機拍人頭了。

1.杜鵑花季時的根津神社庭園 / 2.神明庇佑，根津神社奇蹟地躲過各式災難 / 3.通往乙女稻荷神社的千本鳥居，一座鳥居￥10萬起跳 / 4.東京唯一江戶時代留下的樓門古蹟

日劇🔍放大鏡

東京傷情故事谷中之戀

描述一位外表二八，內心青春十八的大叔，每次告白必失敗的勵志故事。離婚三次至今仍單身的55歲和菓子師傅久留里卓三，熱衷與邂逅的女性在東京街頭散步、品嘗美食、懷舊過去，是一部可以看到不少大叔內心話的寫實劇。其中2014年特別篇的約會場景就在谷中地區。

16:00 ～ 17:00

白巧克力做的抹茶蛋糕，深深覺得點對了

7

百年歷史的日式老房咖啡館
カヤバ咖啡
Kayaba Coffee

✉東京都台東區谷中6-1-29 ☎03-3823-3545 ⏰週二～六08:00～21:00，週日08:00～18:00 休12/31～1/1 ➡️🚇千代田線「根津」站1號出口，步行9分鐘 MAP P.34

　　古民家改造的咖啡館カヤバ曾停業過一陣子，在居民殷殷期盼下再度重出江湖。招牌飲料俄羅斯咖啡(咖啡加可可)，豆子選用來自北歐最棒的咖啡品牌Fuglen(見Route 8，P.145)，而厚燒雞蛋三明治則是每桌必點菜。復古又現代的風格大受歡迎，是個不分年紀與國界的打卡勝地。

1.不論何時來カヤバ咖啡，總有排不完的隊伍 / 2.吃起來有如棉花糖口感的雞蛋燒配上柔軟吐司，俄羅斯咖啡是少數會讓老蝦驚豔的咖啡

豆知識
古民家定義
　　建於昭和25年(1950年)之前，根據傳統工法打造的建築，才能稱為古民家。

其他推薦
上野櫻木あたり

穿越時空的昭和老房再生
谷中ビアホール啤酒屋

🌐www.facebook.com/yanakabeerhall ✉東京都台東區上野櫻木2-15-6(上野櫻木あたり內) ☎03-5834-2381 ⏰週一11:00～15:00，週二～日11:00～20:30 休不定休 ➡️距カヤバ咖啡步行2分鐘 MAP P.34

　　僅此一處別無分號的谷中啤酒，隱身在古樸的木造建築中。店內隨時有8種精釀啤酒，下酒菜的食材由築地市場新鮮直送。日劇《我與尾巴與神樂坂》當中，男星相葉雅紀飾演的獸醫師常與朋友相約在此喝酒小酌。同在古民家內，隔壁還有間專賣鹽油醋的店鋪おしおりーぶ，以及主打使用挪威小麥的烘焙坊VANER。

1.上野櫻木あたり這一區的老宅風韻猶存 / 2.3.谷中啤酒，錯過不再有

聽說谷中有很多貓，何時才能與貓一起窩在夕陽階梯看晚霞呢～

[8] 東京模範商店街

谷中銀座商店街
Yanakaginza Shotengai

http www.yanakaginza.com ➡ 千代田線「千駄木」站2號出口，步行6分鐘 MAP P.34

想在東京水泥叢林裡，尋找昔日的人情味嗎？來谷中銀座商店街吧！從昭和時期（1945年）開始就是居民採買的好去處。如今，商店街無懼連鎖超市與網路購物的競爭，為了谷中流浪貓與活化下町地區打造的散步街區，又暱稱老東京。整條街散發著濃烈的生活感，全長不到200公尺，甜點、雜貨、書店、美容、熟食等生活所需一切應有盡有。在這兒生活似乎也不錯。

1.谷中以寺院與斜坡的街著名，已名列日本歷史風土百選 / 2.谷中這一帶的街景，想起了在花蓮的日子 / 3.每家店絞盡腦汁製作的特色招牌，別忘了抬頭找看看 / 4.沒機會看到真的貓，倒是找到不少貓模型

豆知識

谷中地名由來
這個區域因為地處「上野台」與「本鄉台」兩座山的中間，所以被稱為谷中。

❈ 無可取代的手工糖

後藤の飴
Goto no Ame

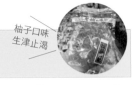
柚子口味
生津止渴

📧 東京都荒川區西日暮里3-15-1 ☎ 03-3821-0880 🕐 週
一～五10:00～20:00，週末10:00～19:00 🗺 P.34

以不添加香料、無人工色素且手工自製的古
早菓子與糖果聞名。經營超過90餘年，現在已
經傳到第四代。老闆娘親切且細心地介紹每種
口味與特色，梅子、柚子、烘焙茶、抹茶、黑
糖、番茄、生薑，甚至是臺灣少見的杏桃口味
等。每一顆糖果亮晶晶的活像寶石。到東京不
曉得要買什麼嗎？大方又
讓人童心乍現的伴
手禮就在眼前。

>後藤の飴就位
在商店街起頭處

∧口味太多也是愉快的煩惱。人氣第一名是烘焙茶(ほうじ茶
飴)口味

❈ 自製一個專屬印章

手繪風格圖樣根
本可愛到不行

伊藤

邪悪なハンコ屋
しにものぐるい
Jaakuna Hankoya Shinimonogurui

圖片提供/許志忠

🌐 www.ito51.com 📧 東京都台東區谷中3-11-15 ☎ 03-
6874-2839 🕐 10:30～18:00 休 不定休 🗺 P.34

只要寫下想刻的名字、選好款式與印泥顏
色，到外頭逛個30分鐘再回來，就能拿到客製
印章。邪惡印章屋隔壁的「伊藤製作所」也是
邪惡系列公司出品，T-shirt上的詼諧用字，例
如「已經無法再更努力」、「極限了」……路過
的日本人無一不噗哧一笑，
道出了不少人的心聲吧！

>能用一件T-shirt說出
自己的不滿，挺方便的

∧邪惡印章屋裡裡外外貼滿印章圖樣

其他推薦

谷中靈園

臺日都祭祖。在臺灣大家一般視墓園(即日
語的靈園)為鄰避設施，然而在日本，墓園早
已融入居民生活圈中，窗外就是墓碑的場景
稀鬆平常。就環境規畫與衛生來說，日本墓
園更像緬懷祖先的紀念公園。

距離谷中ビアホール啤酒屋步行2分鐘的谷
中靈園，因為櫻花以及眾多大人物(如幕府將
軍德川慶喜、前日本首相鳩山一郎等)長眠此
地而聞名。園中央有一排櫻花樹，春天開滿

粉白色花朵，成為一條櫻花隧道。當初為了
切西瓜(走捷徑)，意外發現這條從上野櫻木一
帶到日暮里車站的美麗道路，是一處幽靜的
能量景點。園內禁止飲食與大聲喧嘩，更不
要觸摸墓碑喔。🗺 P.34

穴子的柔軟，從鄰座客人多有爺爺奶奶輩，窺知一二

餐桌上的文化遺產
すし乃池
Sushi Noike **1**

http www.sushi-noike.com ✉東京都台東區谷中3-2-3 ☎03-3821-3922 ⏰週一～六11:30～14:00、16:30～22:00，週日11:30～20:00 休週三 ➡地千代田線「千駄木」站1號出口，步行3分鐘 MAP P.34

壽司師傅手上捏製的鎮店之寶「穴子壽司」是超過半個世紀的江戶美味保證。穴子是海鰻，又稱星鰻，肉質柔嫩高雅。滷煮後的穴子配上醋飯，淋上少許濃稠還會黏嘴唇的鹹甜醬汁所完成的握壽司，擄獲眾多饕客的胃，也是東京引以為傲的可食用遺產吧！

1.綜合握壽司，吃過現捏握壽司後，再也回不去機器做的了／**2.**すし乃池的暖簾。日本人說看暖簾就可猜出店內口味，真的嗎？

立秋之前必吃鰻魚？　豆知識

華人在立秋要進補，日本則在夏秋之際吃表皮焦脆、肉質綿軟的鰻魚飯。日本人相信在夏天中最熱的一天「土用丑日」吃鰻魚，能夠開胃並且補充體力。此外，這天除了吃鰻魚，吃日文「う」(發音U)開頭的食物，例如梅乾(Umeboshi)和烏龍麵(Udon)等，也能消暑氣。

雖然都名為烤鰻魚，關東與關西作法截然不同。關西風的作法是從腹部將鰻魚剖開後連頭在架上長時間涮醬燒烤。關東風的作法則是從背部將鰻魚剖開，串竹籤後不調味直接燒烤，烤後再蒸，蒸了再刷醬蒲燒。兩地的鰻魚滋味、色澤都值得嘗試。

東京不敗地標＆藝術金三角。

東京鐵塔。麻布十番。六本木

tokyo tower, azabu juban, roppongi

跟著早晨的太陽，圍繞著東京鐵塔轉一圈，從東邊的「增上寺」開始！受到德川家大力支持，增上寺不只是能量景點，也是觀「東京鐵塔」的絕佳位置。能夠與在二戰戰火中倖存的它，和代表現代的東京鐵塔合照何足珍貴。往西邊走，挑選精美小巧伴手禮最棒的地點在麻布十番，有好吃的吐司排隊店「乃が美」，還有送禮大方、自己吃也不傷荷包的麻布花林糖（是老蝦最愛）。下午待在六本木「森美術館」呼吸現代藝術的空氣。在「六本木新城展望台」放眼望去的無邊際，尤其露天停機坪的強風企圖使人落跑，卻怎麼樣都想湊近看，近到把繁華東京收進口袋。繽紛燈彩的街上閃著港區的時尚，六本木的夜景誘人如寶石，大樓的燈火閃爍著六本木獨有的萬種風情。

Route 02 行程計畫

東京不敗地標 & 藝術金三角。

09:30 ～ 10:10

Start

 增上寺

 往西沿東京鐵塔通走10分鐘

10:20 ～ 11:20

② 東京鐵塔

🚶 往西南走10分鐘至櫻田通

11:30 ～ 13:00

③ 野田岩

🚇 往南沿著櫻田通走至「赤羽橋」站，搭乘都營地下鐵大江戶線，於「麻布十番」站下車，車程約15分鐘

13:15 ～ 13:45

④ 乃が美

🚶 沿著都道319號往西北方走20分鐘

14:05 ～ 16:00

⑤ 森美術館

🚶 到52樓展望台入口處

16:05 ～ 17:10

⑥ 六本木新城展望台

 沿著八幡通，右轉外苑東通走20分鐘

17:30 ~ 19:00

⑦ 酢重ダイニング六角

🚶 沿著外苑東通往東南方走10分鐘

19:10 ~ 19:20

Goal ⑧ 鳴門鯛燒本鋪

東京鐵塔、麻布十番、六本木相關位置圖

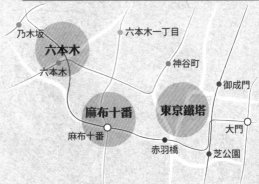

乃木坂　六本木一丁目
六本木
六本木　神谷町
御成門
麻布十番　東京鐵塔
大門
麻布十番
赤羽橋　芝公園

🚃 交通對策

　　往第一站增上寺有多條鐵路可達，其中以**都營地下鐵三田線御成門站**最為接近。從東京鐵塔到六本木，這段交通搭車、走路皆可，所費的時間差不多。天氣涼爽之際，不妨邊散步邊瞧瞧六本木，感受東京鐵塔就在身邊注視著一切。

都營地下鐵 🚇 三田線

都營地下鐵 🚇 淺草線

都營地下鐵 🚇 大江戶線

東京地下鐵 Ⓜ 日比谷線

JR Ⓙ 山手線、京濱東北線

增上寺 東京鐵塔

🚇大江戶線(¥180)
或步行
15分鐘

麻布十番

🚇大江戶線(¥180)
或步行　15分鐘

六本木

東京鐵塔

對日本人來說，東京鐵塔是走過二戰殘破不堪、邁向希望與經濟復甦的象徵，是1950年代的世界第一，也是不可撼動的精神支柱。對世界旅人來說，這座美麗的紅色高塔，就跟富士山一樣，是代表日本的一大景點。

愛宕神社 ●

NHK 放送博物館 ●

神谷町 Ⓜ

芝給水所公園 ●

愛宕警察署 ●

御成門

東京鐵塔附近常見的跑跑卡丁車

慶應義塾大學藥學部 ●

[2] 東京鐵塔

[3] 野田岩

德川將軍家墓所 ●   西向聖觀世音菩薩 ●

安國殿 ●

芝大神宮 ●

芝豆腐 ●   大殿   三解脫門 ●   芝公園郵局 ●

[1] 增上寺

大江戶線

大門

飯倉公園 ●

都道 319 號／環狀三號線

赤羽橋   大江戶線

芝公園 ●

芝東照宮 ●

N

芝公園

09:30 ~ 10:10

Route 02

1 重量級地位 貴重文化財
增上寺
Zojoji

http www.zojoji.or.jp ✉東京都港區芝公園4-7-35 ☎03-3432-1431 ⏰每日09:00〜17:00 ➡️🚇三田線「御成門」站A1出口,步行3分 / 🚇淺草線、大江戶線「大門」站A6出口,步行5分鐘 / 🚇日比谷線「神谷町」站1號出口,步行10分鐘 / 🚉山手線和京濱東北線「浜松町」站北口出口,步行10分鐘 MAP P.44

　　600多年歷史的增上寺,在現代是日本跨年倒數狂歡的代表地,也是春天追櫻的口袋名單。寺內不只供奉阿彌陀佛,也是德川家的家廟,6位德川將軍長眠於此,能躲過戰火波及,或許也要前世燒好香吧!每年超過百萬人次的參拜者慕名而來,重要地位可以想像。即便地處高貴港區,周邊的建築卻特別低,畢竟想在這兒興建高樓,除了必須匹配得上增上寺之外,還不能擋住陽光。

1.一次捕獲增上寺與東京鐵塔新舊共存的美景 / 2.增上寺的御守寫著兩個大字「勝運」,散發著霸氣 / 3.增上寺大殿柱子有48根,起源佛陀的48個願望 / 4.德川家的家徽三葉葵,寓意家族武運昌隆,現代意指生命力旺盛 / 5.繪馬上也是三葉葵 / 6.增上寺的大門因靠近「芝」一帶,因此又稱芝大門

Check 1 三解脫門

德川家康所贈，朱紅色大門沉穩典雅，現為東京最古老的大門。三解脫即佛家說毒害身心的三種煩惱，分別是貪念的貪、耍脾氣的嗔、是非不明的痴。從三解脫門到大殿的距離，則代表佛教108個煩惱。傳說穿過這道門，就能跟煩惱說掰掰。

∧ 從大殿往三解脫門方向看，眼前這條路即通往極樂世界

Check 2 西向聖觀世音菩薩

小庭園內排列超過千尊地藏石像，每一尊戴著紅色編織帽的地藏，代表著祈求小孩健康成長的願望。讓人心情平靜的好地方。

Check 3 大殿

來到大殿，請收起相機與手機，留心莊嚴樸素的大殿外觀，與金碧輝煌內裝的反差。樓上有道場、地下室是寶物展（門票￥1,000）。記得大殿右側的長廊是欣賞東京鐵塔的好地點，而隔壁的安國殿供奉的是祕傳黑色阿彌陀佛如來。

＞這扇門的背後是德川將軍們與其妻小長眠的家墓所

∧ 右為大殿，左為安國殿

1.四菩薩之虛空菩薩 / 2.西向聖觀世音菩薩 / 3.沐浴在櫻花下，滿滿能量的迷你地藏，祈求生產順利

10:20 ～ 11:20

從赤羽橋紅綠燈路口，欣賞東京鐵塔，是老蝦最愛的地點之一

東京鐵塔的草莓霜淇淋

② 戰後東京重生的靈魂象徵

東京鐵塔
Tokyo Tower

有形文化財

www.tokyotower.co.jp/zh.html ✉東京都港區芝公園4-2-8 ☎03-33433-5111 ⏰Main Deck：每日09:00～23:00(最後入場22:30) / Top Deck Tour：每日09:00～22:45(最後入場22:00～22:15) 💰Main Deck(150公尺)：成人￥1,200，中小學生￥700，4歲以上￥500 / Top Deck Tour(150、250公尺)：成人￥3,000，中小學生￥2,000，4歲以上￥1,400(Top Deck Tour網路預約折扣￥200) 🚇🚶三田線「御成門」站A1出口，步行6分鐘 / 🚇大江戶線「赤羽橋」站赤羽橋出口，步行5分鐘 / 🚇日比谷線「神谷町」站1號出口，步行7分鐘 🗺P.44

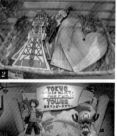

1.時下最夯的東京鐵塔拍攝點 / 2.情侶一同登高，還可參拜祈求長長久久的鐵塔大神宮 / 3.與海賊王一起航向寶藏人生

　　歷經二戰大規模轟炸後，由各家電視台合資興建傳送電波訊號的東京鐵塔誕生，啟用於1958年。形狀取自於法國艾菲爾鐵塔，高達333公尺(還比艾菲爾鐵塔高13公尺)，是當時日本最高建築物。直到2011年晴空塔落成，在2018年正式卸下傳送電波訊號的重任，登錄為有形文化財。

　　東京鐵塔照明設計會根據季節與節日搭配亮燈模式，從日落到午夜，每日點燈不間斷，冬天採用暖橙色，夏天會選用涼快的白色來「變裝」。你可知道，傳說在半夜12點一起看著鐵塔熄燈的情侶，戀情能長長久久？

　　難得來趟東京鐵塔，老蝦除了上展望台(能見度佳時，可同時看到晴空塔與富士山)，也不忘在鐵塔咖啡廳吃草莓霜淇淋。接著到赤羽橋紅綠燈路口，拍一張落落大方的東京鐵塔。另一個很夯的攝影點在「芝豆腐屋」對面Times停車場入口(請保持樓梯暢通)。海賊迷必訪的航海王主題樂園就在鐵塔3樓。

用美麗漆器盛裝
且分量較多的鰻重

③ 值得停留的米其林一星
野田岩
Nodaiwa

🌐 www.nodaiwa.co.jp/index2.html ✉ 東京都港區東麻布1-5-4 ☎ 03-3583-7852 🕐 週一～六11:00～13:30、17:00～20:00 🈺 週日，臨時休日見官網 ➡🚇 大江戶線「赤羽橋」站赤羽橋出口，步行5分鐘 🗺 P.44

1 鰻魚的可口，筆墨難以形容啊 / **2** 吃完濃厚口感的鰻魚飯，喝口鰻肝清湯有如久旱甘霖 / **3** 自成一格的店門口，也是日本皇族喜愛用餐的場所

說到東京最棒的鰻魚飯非野田岩莫屬。走過200年歷史，目前傳承至第五代，店主金本兼次郎亦被日本稱為鰻魚之神，只有吃過才能意會。嚴選靜岡產鰻魚，想吃天然鰻的話可以挑4～11月來碰運氣。

這裡先蒸後烤的烹調手法與關西地區不同，串烤先蒸去油脂後，才刷上醬汁繼續烤。關東風鰻魚如野田岩鰻丼的滋味，鹹味在前卻不油膩，是

一種不張揚的鮮美滋味。濃郁的醬汁與微焦的魚肉，搭配特製山椒七味粉，是客人們心照不宣的眼中物。店內除餐點，其他禁止拍照。（其實都在忙著吃飯，哪有空拍照啊！）

鰻魚飯的演進　豆知識

蒲燒鰻魚配上熱騰騰白飯的美味，看起來理所當然。其實最早日本人是直接從家裡帶飯到外面店家單點烤鰻吃的。直到江戶後約1818年，感謝鰻魚林崎受害，也就是日本橋的劇場老闆大久保今助，突發奇想把烤好的鰻魚放在煮好的白飯上，藉此達到絕佳保溫效果，頓時成為火熱吃法，就是現在的鰻魚蓋飯。

21_21 DESIGN SIGHT

檜町公園

千代田線

乃木坂

大江戶線

龍土町美術館通

外苑東通

國立新美術館

[7]

酢重ダイニング六角

東京 Midtown

[8]

鳴門鯛燒本舖

六本木

日比谷線

六本木通

都道 319 號/環狀三號線

[5][6]

森美術館

六本木新城展望台

毛利庭園

朝日電視台

六本木 Hills

欅木坂

內田坂

南北線

麻布通

木江戶線

麻布かりんと

[4]

乃が美

麻布十番

紀文堂

大黑坂

六本木

六本木在過去頂著成人夜生活街區的形象，也是社會問題的中心，直到鎧甲造型六本木Hills完工後，吸引Google等世界知名企業、IT及金融企業進駐。多間美術館、電影院等如雨後春筍般出現，如今的六本木轉身一變，以藝術城市自居。

Route
02

圖片提供/許志忠

麻布十番

介於東京鐵塔與六本木的麻布十番街區，是人氣商店街，8月有夏日納涼祭，周邊林立的大使館讓街道洋味十足。知名漫畫《美少女戰士》作者住過這裡，漫畫中的神社原型就在麻布冰川神社。

往麻布冰川神社

N

居民愛吐司的心情
從隊伍看得到

乃が美
Nogami
4 0～100歲都能輕鬆吃的吐司

nogaminopan.com ✉ 東京都港區麻布十番1-9-7 ☎
03-6441-3188 ⏰ 每日11:00～18:00 休 週二 💲 一斤
￥432，二斤￥864(含稅) 🚇 南北線、🚇 大江戶線「
麻布十番」站出口 MAP P.49

　　只有一項產品「吐司」就引發爆買潮。為
了做出讓小孩與老人都能開心享用的吐司，選
用蜂蜜、奶油、加拿大小麥等27種配方，連吐
司邊都香甜、柔軟、好入口，有吃甜點的口感
與嚼勁。東京是關東地區吐司消費量第一的城
市，乃が美短時間拿下全日本最棒吐司Top10
以及Yahoo！搜
索大賞等頭銜，
實至名歸。與其
對各種頭銜嘖嘖
稱奇，不如直接
買一條最實際。

如何照顧吐司：為了享用最佳風味，先將新
鮮吐司靜置一天再吃。如需保存，直接冷凍即
可。冷藏會加速麵包老化，就無法回春囉！

∧ 連續撲空兩次，終於買到傳說中的魔法吐司乃が美，一條是
兩斤的分量

麵包如何進軍米食大國日本
豆知識

　　16世紀中葉大航海時代，麵包跟著葡萄牙商
船來到日本，又被稱作蒸餅，發音同Pan。日本
第一本插圖百科全書《和漢三才圖會》提到沒餡
的饅頭就是蒸餅，記載茄蘭、小麥、黑砂糖可吃。
由於日本當時已經有蒸饅頭的技術，把麵包當作
沒餡的饅頭也合情合理。漸漸地麵包取代乾飯成
為軍糧，至於麵粉的普及就是另外一件事了。

其他推薦

麻布十番老字號商店

麻布十番聚集了許多百年老店。除了以下兩家老蝦喜歡的店，還有費時熬煮紅豆泥的鯛魚燒浪花家總本店、150年來都循古法製作的豆果子專賣店豆源等。

就算下雨也清脆
麻布かりんと Azabu Karinto

http www.azabukarinto.com/html/page6.html ✉東京都港區麻布十番1-7-9 ☎03-5785-5388 ⏰每日10:30～19:30 休每月第二個週二 ➡🚇南北線「麻布十番」站4號出口，步行2分鐘／🚇大江戶線「麻布十番」7號出口，步行1分鐘 MAP P.49

花林糖像沒有捲成辮子的麻花，看似簡樸卻蘊含300年的不凡歷史。起源中國唐朝，在奈良時代傳入日本成為貴族間流行的高級點心。又甜又脆又有嚼勁，在江戶時期成為家喻戶曉的零嘴，融合傳統與創新，如今有超過50種口味。一枚銅板就能搞定的伴手禮，包裝雅緻，難怪名列日本人高CP值禮物名單。

1.麻布かりんと是日本人票選質感好又不貴的銅板伴手禮／**2.**黑糖口味是店家人氣No.1，黑糖遇上芝麻讓人難以抵抗／**3.**依季節推出不同的花林糖，春天限定的野菜口味很好吃／**4.**海外觀光客喜愛蘋果派口味

有小時候的味道
紀文堂 Kibundou

✉東京都港區麻布十番2-4-9 ☎03-3451-8918 ⏰09:30～19:00 休週二 🚇南北線「麻布十番」站4號出口，步行3分鐘／🚇大江戶線「麻布十番」7號出口，步行2分鐘 MAP P.49

不只超過百年，裝潢也散發濃濃古早味。從手燒仙貝起家，後來開始賣七福神圖樣的人形燒，現在招牌點心是夾著傳統滋味內餡的華夫餅（ワッフル），Top 1的口味為卡士達內餡（カスタード），是麻布十番居民代代都記得的味道。

1.招牌不起眼的紀文堂，人潮陸續湧入／**2.**卡士達華夫餅(右)，與酸得讓人眉頭一皺的杏桃華夫餅(左)

森美術館驗票處,
搭上手扶梯直達展廳入口

圖片提供 / Mori Art Museum, Tokyo

/5/ 天黑也能逛的美術館
森美術館
Mori Art Museum

http www.mori.art.museum ✉ 東京都港區六本木6-10-1
(六本木Hills 53樓) 📞03-6406-6652 🕐週二10:00～
17:00,其他日至22:00(閉館前30分最後入場) 💲美術館
與展望台套票￥1,800 ➡️Ⓜ日比谷線「六本木」站1C出
口,步行3分鐘 MAP P.49

　　日本最高的室內美術館,以國際性、現代性
為主軸,不定期舉辦建築或時尚相關企劃展,
像草間彌生與蜷川實花都曾在此舉辦作品展。
購買套票不只逛森美術館,還能到展望台一飽
東京美景,真心覺得划算!

1.位在2樓的Museum Cone森美術館入口 / **2,3**.森美術館玻璃
塔的日與夜(2.3.圖片提供 / Mori Art Museum, Tokyo)

六本木藝術之夜　　　　　　　豆知識

　　好似灰姑娘般只有一晚的璀璨,有東京熱血
藝術活動之稱的「六本木藝術之夜」,是由森美
術館、國立新美術館、森大廈、21_21 DESIGN
SIGHT等單位攜手舉辦。不只以街頭為舞台,從
夜晚到日出的活動期間,跨越語言、時間與想像
的藝術體驗,在每年春天破繭而出。

只顧著在停機坪SKY DECK上驚嘆，都忘記腳還在發抖

Route 02

當城市就是藝術品

六本木新城 展望台

Roppongi Hills Tokyo City View

🌐tcv.roppongihills.com ✉東京都港區六本木6-10-1(六本木Hills 52樓) ☎03-6406-6652 🕐週一～四10:00～23:00，週五、六、假日前一天至01:00 ➡🚇日比谷線「六本木」站1C出口，步行3分鐘 🗺P.49

六本木新城（又稱六本木Hills、六本木之丘）的1樓是商場、中間樓層是辦公大樓，最大亮點就是展望台。從海拔250公尺高度、360度俯瞰東京，周圍幾乎沒有遮蔽視野的障礙物，沒有什麼能夠阻止你登高望遠。52樓的展望台可以遠眺東京鐵塔、台場，甚至彩虹大橋。

強烈建議加價登上停機坪SKY DECK（每日11:00～20:00），海拔270公尺，是關東最高的露天式展望台。雖然強風吹得人直打哆嗦，感謝老天沒有玻璃反光的阻礙，就為了好好把東京這座城市看個夠，一生至少上去一回。

1.從六本木新城展望台看得到完整的國立新美術館，還巧遇直昇機起降 / 2.停機坪瞭望台最大好處就是不用擔心玻璃反光。捕捉到揮別太陽，華燈初上的東京鐵塔

國立新美術館

幾乎每桌都有米飯與味噌湯組合

17:30 ~ 19:00

打開六本木大人夜的序幕

[7] 酢重ダイニング六角
Suju Dining Rokaku

🌐www.suju-masayuki.com，點選「店鋪一覽」→「東京ミッドタウン」✉東京都港區赤坂9-7-4(Midtown Garden Terrace 2F) ☎03-5785-1717 🕐11:00～00:00 ➡🚇大江戶線「六本木」站7號出口，步行11分鐘 📍P.49

　　六本木不缺餐廳，尋找地域專屬的美食很重要。酢重ダイニング限定使用關東地區出產的信州味噌、醬油、高湯與白米。如果想點酒，清酒排名榜不缺席的長野產清酒、葡萄酒等一應俱全，還有店家自製辣薑汁汽水、搭配威士忌調製的Highball，身處這時尚又迷幻的六本木，還沒開喝已醉。

1.酢重ダイニング店門口 / 2.甜度恰好又滿滿生薑活力的薑汁調酒 / 3.鯖魚味噌煮滋味溫潤不膩 / 4.與咕咾肉神似的黑醋野菜豚，意外發現醋也能帶出多重層次

Goal 19:10 ~ 19:20

該先吃魚頭，還是魚尾巴？是吃鯛魚燒最大的樂趣

這裡的鯛魚燒是天然物

[8] 鳴門鯛燒本鋪
Naruto Taiyaki Honpo

🌐www.taiyaki.co.jp ✉東京都港區六本木7-8-11 ☎03-6434-7774 🕐11:00～23:00 ➡🚇大江戶線「六本木」站7號出口，步行1分鐘 📍P.49

　　你知道鯛魚燒有分天然物與養殖貨嗎？整批鯛魚燒同時出爐的叫養殖貨，天然物的鯛魚燒則是由師傅一隻隻烤出來。這個技法又稱一丁燒，臺灣稱之剪刀式鯛魚燒。連鎖卻不馬虎的鯛魚燒店鋪在日本已經不多見。每一隻天然物鯛魚燒，需要出動2公斤重的烤模，添加麵糊、餡料、直火烘烤不斷反覆，吃過會懷念。

1.鳴門鯛燒本鋪即便是連鎖店也好好吃 / 2.不會太甜的鯛魚燒餡料，配上焦香味的麵糊，該選紅豆？還是地瓜？

黑川紀章設計，日本第五座國立美術館

國立新美術館

🌐 www.nact.jp ✉ 東京都港區六本木7-22-2 ☎ 03-5777-8600 🕐 10:00～18:00(週五至20:00，閉館前30分最後入場) 休 週二(若遇國定假日照常營業，隔日補休) 💲 依展覽而異 ➡ 千代田線「乃木坂」站6號出口直達。或 大江戶線「六本木」站7號出口，步行4分鐘 MAP P.49

1,3.館內米其林餐廳 Paul Bocuse的商業午餐非常超值，餐廳好似蓋在一顆飛碟上 / **2**.館內免費參觀，特展票價另計 / **4**.位在B1的禮品部值得一逛(圖片提供/許志忠)

　有如渾然天成設在森林裡的美術館，就親近程度而言可是數一數二。設計出自建築大師黑川紀章(1934～2007)，也是他生前最後代表作。利用波浪型的玻璃帷幕，直接隔絕紫外線，隨著時間帶出光影魔術般的景致是關鍵。雖名為美術館，但這裡沒有收藏任何藝術品，主要提供空間舉辦來自全國的小展覽，致力推廣美術教育。

安藤忠雄設計，以世界為出發點的展示設施

21_21 DESIGN SIGHT

🌐 www.2121designsight.jp ✉ 東京都港區赤坂9-7-6(東京中城花園內) ☎ 03-3475-2121 🕐 10:00～19:00(最後入館18:30) 休 週二、年始年末、換展期間 💲 成人￥1,200，大學生￥800，高中生￥500，中學生以下免費 ➡ 日比谷線「六本木站」或 大江戶線「六本木站」8號出口，步行5分鐘 MAP P.49

1.設施正門 / **2**.樓層標示就直接寫在水泥牆上的極簡風格 / **3**.內部空間同樣以極簡風格呈現 / **4**.一處與日常生活緊密結合的設計據點，以「凸」三角形風恰洽露出現代俐落感(3,4圖片攝影/Masaya Yoshimura)

　21_21 DESIGN SIGHT的特點在於以設計生活體驗為出發，舉辦各種與設計有關的工作坊與活動。設施設計出自建築師安藤忠雄(1941～)，以融入周圍草木為目標，利用光影與人的距離，抽象地將水、光與風堆出幾何圖樣。21_21讀作Two one, two one，比擬透視未來設計的孵化地。對了，臺灣亞洲大學的現代美術館也出自安藤先生之手。

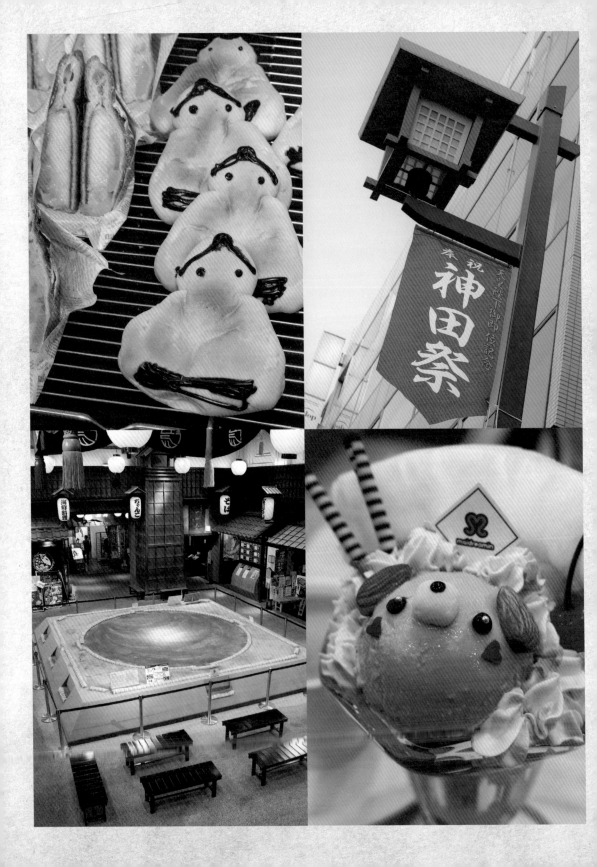

相撲力士和女僕文化激發的火花。

兩國‧秋葉原
ryogoku, akihabara

説到兩國，就想到相撲。這裡是相撲迷朝聖之地，不但有競賽場地「兩國國技館」，更聚集許多相撲部屋，在路上就能發現相撲日常的一面。早上從「回向院」開始，尋味寺廟在這塊土地的影響力。在「江戶東京博物館」深入了解東京的過去與現在。能在職人氣息濃厚的兩國，一針一線製作屬於自己的「MERIKOTI」布製草鞋實在太美妙。搭車到御茶之水參拜東京十社之一的「神田神社」，一探神社結合動漫的嶄新氣象，是爆發力十足的能量景點。沈醉在「神田ちょん子」老闆親手製作的江戶小玩意，看著江戶時代庶民生活的點滴停留在掌心，這樣的興奮之情難以言喻。既然來到女僕文化起源地秋葉原，勢必要在「Maidreamin」扮演王子或公主狂想一回！

相撲力士和女僕文化
激發的火花。

09:00
~
09:20

Start

 1 回向院

🚶 往北沿國技館通走到JR「兩國」站，右轉
往東走，約10分鐘

09:30
~
12:00

 2 江戶東京博物館

🚶 往西沿JR「兩國」站到國技館通，再往南
到第二條馬路右轉直走，約10分鐘

12:10
~
13:45

 3 ちゃんこ巴潟

🚶 往東走9分鐘至清澄通左轉，繼續直走3分
鐘至北齋通左轉，再走3分鐘

14:00
~
14:30

4 MERIKOTI

🚃 走15分鐘至「兩國」站搭JR總武線，於「御
茶之水」站下車，沿著聖橋及本鄉通右轉
中山道(國道17號)，走9分鐘

15:00
~
17:00

5 神田神社

🚶 往南過昌平橋走10分鐘

17:10
~
17:40

 6 神田ちょん子

🚶 往北過昌平橋走5分鐘

17:45 ~ 19:15

☑ **丸五**

🚶 往東南走5分鐘

19:20 ~ 20:20

Goal ☑ **Maidreamin**

Route
03

一日花費 交通未計 幣值日圓 含税		
	江戸東京博物館	600
	ちゃんこ巴潟	1,375
	丸五	1,850
	Maidreamin	3,564
	Total	7,389

末廣町

御茶之水
御茶之水
新御茶之水
小川町

秋葉原

秋葉原
秋葉原
岩本町

淺草橋

兩國

兩國
兩國

兩國、秋葉原相關位置圖

 交通對策

　　兩國站有兩條鐵路可以抵達，**JR兩國站**與**都營地下鐵大江戶線兩國站**(兩站出口距離不遠)。兩國的大部分景點靠散步沒問題。要往神田神社，推薦從較近的御茶之水站下車再徒步前往。

都營地下鐵 🌀 大江戶線

JR 🇯🇷 總武線

兩國 — JR總武線 (¥140) 6分鐘 → **御茶之水** — 步行 → **秋葉原**

兩國

兩國這一帶的氣氛很有意思，近代以來相撲比賽只要輪到關東，就是在兩國國技館舉行。跟相撲有關的一切，包括土俵與土俵製作職人、專門裁判訓練、相撲部屋、相撲火鍋等在這邊都找得到。如果遇上1、5與9月第二～四個週末間舉行的大相撲賽事，世界各地相撲迷湧入的火熱氣氛，完全不輸給競賽場地內的加油隊。此外，兩國國技館也是2020年東京奧運的拳擊場地。

東京都復興紀念館

橫綱町公園

刀劍博物館

圖片提供 / 許志忠

舊安田庭園

圖片提供 / 許志忠

外觀像高腳倉庫，全面積有東京巨蛋2.4倍大
（圖片提供 / 東京都江戶東京博物館）

清澄通

大江戶線

MERIKOTI ／4／

北齋通

湯屋 江戶遊

兩國國技館

兩國 ♟

すみだ北齋美術館

總武本線

江戶東京博物館 ／2／

兩國 JR 兩國車站藝廊

總武線

橫綱橫丁

／3／

ちゃんこ 円潟

京葉道路

圖片提供 / すみだ北齋美術館 攝影 / 尾鷲陽介

回向院山門

兩國花火資料館

一之橋通

／1／

回向院

本所松坂町公園
（吉良邸跡）

兩國公園

清澄通

N

09:00 ~ 09:20

Start

1 傳遞心淨，向未來祈福的城市綠洲
回向院
Ekoin

🌐ekoin.or.jp ✉東京都墨田區兩國2-8-10 ☎03-3634-7776 ◷寺務受理每日09:00～16:30 ➡🚇大江戶線「兩國」站A4出口，步行10分鐘／🚆總武線「兩國」站西口出口，步行3分鐘 📍P.60

碑，許多東京人的世代祖先也沉睡於此。

不同於在神社向神許願，回向院不單為了無名死者，也是替生者(包括自己)的未來祈福，祈禱此生獲祖先保佑，往生能前往極樂世界。

竹林圍繞著一棟看似通透輕盈的建築吸引我的注意。這真的是寺院嗎？是初次踏進回向院的疑問。黑色半開放空間，結合念佛、法事、藏書等功能，貼心無障礙與防震設計的佛堂寺廟。透過現代技術在有限的土地空間進行最大化使用，在2016年榮獲日本Good Design大獎，對守舊傳統的寺廟建築來說非常難得。

以前德川幕府為了弔唁明曆大火(1657年)喪生的10萬人命，建造這座供養無名魂的祠堂，因天災人禍離世的萬物(包括狗、貓和鳥等)亦能被供養，因此院內有不少伴著鮮花的無名石

1.回向院本堂，也是販售御守的地方(圖片提供／©TCVB)／**2**.回向院山門(圖片提供／©TCVB)／**3**.為萬靈供養塚安置的聖觀世音菩薩立像／**4**.祭祀歷史上知名相撲的力塚

｜隱｜藏｜玩｜法｜

Check 1　祈求考運與勝利

希望考試All Pass嗎？鼠小僧是江戶幕府晚期的神偷，民眾心中的義賊。相傳在神偷鼠小僧墓前的白色石頭，削下屑屑帶回家可招來考試順利。回向院除了作為靈園與佛堂，同時也是勸進相撲的起源，選手會在相撲開賽前到此參拜，祈求勝利。

>回向院亦有鼠小僧專用御守

Check 2　自製回向回音

站在回向院大廳地板的蓮花圖樣上，對著天花板大力拍手，衝擊性的回音如同龍在低吼，又稱「鳴き龍」。這是因為天花板弧度產生駐波現象造成共鳴，而天花板中心是凹陷的，所以聲音可停留久一點。非常有趣，請放膽嘗試。

>蹲在貓塚前的貓是回向院的ちいちゃん(Chiichan)

09:30～12:00

2　體驗東京今昔生活
江戶東京博物館
Edo Tokyo Museum

🌐www.edo-tokyo-museum.or.jp/zh-tw ✉東京都墨田區橫綱1-4-1 ☎03-3626-9974 ⏰每日09:30～17:30，週六至19:30 ⏸週一、假期隔日、年始年末 💲常設展門票成人￥000，66歲以上￥800，另有學生票價，詳見官網 🚇大江戶線「兩國」站A4出口，步行1分鐘／JR總武線「兩國」站西口出口，步行3分鐘 🗺P.60

Route 03

從將軍德川家康進入關東,並以江戶做據點的400年期間,江戶小漁村逐漸轉型成為全球人口最多的城市。既然很難透過教科書想像江戶過去的輝煌盛況,就用體驗的吧!

常設展分為江戶區與東京區,從江戶玄關「日本橋」開始。人們是如何在這1:1原始大小的橋上搖擺走過?就務必仔細端倪江戶人設計的小東西了。百姓生活環境的縮影,不論是庶民房舍、大名宅邸,甚至是三井越後屋(今天的三越百貨)都看得到。博物館利用各式大小模型重現江戶時代的繁華與熱鬧,不管是在長屋模擬當時日姓日常生活、出版文物的方式、水陸交通的設計,也會發現人類愛旅行這件事亙古不變。江戶時代早就流行進香團玩法,以朝聖之名進行玩耍之實啊。

隨著近代化,明治維新瘋狂西化的生活又是如何呢?當時最先進的電話、腳踏車都能在館內體驗。連同關東大地震、因二戰開打成為焦土的東京,都有紀錄片詳細解說。館內說明皆

1.江戶區的空間高達5層樓,非常寬闊(圖片提供/東京都江戶東京博物館) / 2.宛若走入日劇場景 / 3.江戶火災現場標示用的消防隊隊旗,重達15公斤 / 4.江戶歌舞伎《助六》。花俏臉譜與誇大肢體動作,是當時獨特演出方式(圖片提供/東京都江戶東京博物館) / 5.以醃漬物為主的江戶前壽司,是現代壽司1.5~2倍大 / 6.走入近代的家庭擺設 / 7.我如果出生在江戶時代應該很難做小販,光扛個扁擔就快沒命

有中文對照,是一間不只用眼睛看,還可以用手摸、用肩扛、用腳踩的博物館。

醬油雞湯口味的相撲鍋，菜多肉少的組合，清爽不覺負擔

>店內環境寬敞舒適，對海外觀光客友善親切

3 就算沒看到相撲，也要學力士吃火鍋
ちゃんこ巴潟
Chanko Tomoegata

http www.tomoegata.com ✉ 東京都墨田區兩國2-17-6
☎ 03-3632-5600 ⏰ 平日11:00～14:30、17:00～23:00
。週末及國定假日11:30～14:00、14:30～22:30 休 6
～8月週一 🚇🚉 大江戶線「兩國」站A4出口，步行8分
鐘／JR 總武線「兩國」站西口出口，步行3分鐘 MAP P.60

巴潟是退休力士開的餐廳，店內的氣氛也是魅力之一。秉持每日新鮮食材、湯頭每天現熬，將雞骨燉至金黃澄澈、又富有膠原蛋白是

∧ ちゃんこ巴潟店門口有好認的相撲旗幟

店家的自豪之作。費時的鮮美湯頭，不沾醬直接吃最豪爽，哪怕最後一滴湯也能讓人心滿意足。吃相撲鍋會變成相撲身材嗎？不！相撲身形魁梧是因為平日空腹練習、大量進食並加上午睡練出來的，非一鍋造成也。

豆知識
吃是相撲修行的一部分
　　屬同部屋的力士們輪流值班打掃與互相照顧，也像大家庭一樣圍桌一起吃飯。力士做的飯菜就是相撲火鍋(ちゃんこ)，因為火鍋經濟實惠又方便大夥分食，而大受歡迎。過去火鍋肉類以雞為主，四隻腳的肉鮮少出現餐桌上，這是因為四隻腳的模樣，就像相撲力士雙手碰到地上一樣觸霉頭。隨時代演進，豬肉或牛肉也會在火鍋中出現囉！

>國技館通兩旁的胃酮力十雕像，基座是歷代橫綱(相撲力士最高級別)的手印

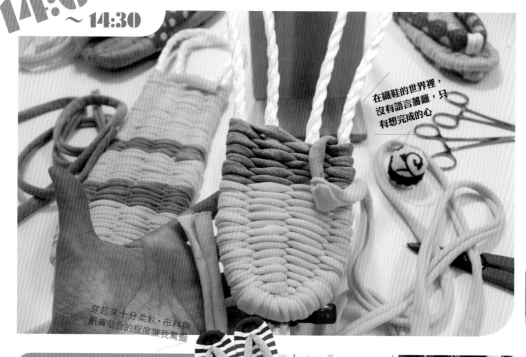

在織鞋的世界裡，沒有語言藩籬，只有想完成的心

穿起來十分柔軟，布料與肌膚貼合的程度讓我驚豔

[4] 可以自己動手做布製草鞋
MERIKOTI

🌐 www.meri-koti.tokyo ✉ 東京都墨田區龜澤1-12-10 📞 070-6986-0708 🕐 每日10:00～18:00。體驗課程每月第二、四週的週二與週六10:00～13:00、13:30～16:30 🈵 週一 💲 手作體驗每人￥5,500 🚇 大江戶線「兩國」站A4出口，步行5分鐘／JR 總武線「兩國」站西口出口，步行10分鐘 🗺 P.60

溫柔的色彩搭配、結合日本北方與北歐設計風格的MERIKOTI，主打延續日本北方青森傳統織法的布製草鞋，店內還可聽到高齡70多年的織線機「咖搭咖搭」作響。從綿開始織起，在職人巧手卜幻化成一雙雙亮麗又迷人的室內拖鞋。不妨考慮在體驗工坊製作一雙屬於自己冬天穿著暖、夏天踩著涼的室內拖鞋吧！跟著老師重現傳統編織技法，設計自己的專屬拖鞋，髒了就交給洗衣機，合腳舒適的觸感，只有一句話形容「穿過就回不去了」。

1.店門口。店名最後的KOIT是芬蘭語故鄉的意思／2.除了拖鞋以外，亦有繽紛色彩的五趾襪或是足袋／3.終於完成屬於自己的MERIKOTI室內拖鞋，感謝編織老師

秋葉原

秋葉原商圈是全球矚目的3C賣場與動漫街，也是日本三大電器街(另外有大阪日本橋與名古屋大須)，不管撿便宜、採購各式電器零件、資訊零件，或是遊戲動漫周邊商品等，皆是東京首選。而這裡也有不少東京知名美食，等著滿足你的胃。

圖片提供/許志忠

神田神社 5

● 本殿

神田明神文化交流館 ● ● 大黑天

● 隨神門

● 參道

● 鳥居

中山道(國道17號)

本郷通

末廣町

銀座線

田代通

AKB48 劇場 ●

● 東京動漫中心

山手線

京濱東北線

新幹線

筑波快線

昭和通

日比谷線

湯島聖堂 4

御茶之水

聖橋 5

JR

明大通

粉紅色4、5、6為
Route 05景點

昌平橋通

中央通

神田明神通

總武線

丸五 7

AKB48 Cafe

電器街出口

JR 秋葉原

秋葉原

● 明治大學

東京復活大聖堂 6

千代田線

昌平橋 ●

8

Maidreamin

新御茶之水

御茶之水仲通

本郷通

丸之內線

近江屋
洋菓子店

丸之內

舊中山道

中央本線

萬世橋 ●

柳原通

神田ちょん子 6

靖國通

新宿線

岩本町

本郷通

靖國通

小川町

淡路町

銀座線

神田

一八通

昭和通

新宿線

15:00 ～ 17:00

昭和天皇即位時所建立的隨神門，上面的雕刻十分精美

神社與動漫結合，是這裡的特色之一

5 重要文化財 [重要文化財]
神田神社
Kanda Jinja

🌐 www.kandamyoujin.or.jp ✉ 東京都千代田區外神田
2-16-2 📞 03-3254-0753 🕐 神禮授與所09:00～19:00，
商店10:00～18:00 Ⓜ 丸之內線「御茶之水」站1號出
口，步行5分鐘 🚉 總武線「御茶之水」站聖橋口出口，
步行5分鐘 🗺 P.66

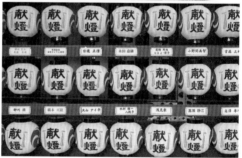

∧ 由信徒奉獻的獻燈，有光明燈的感覺

千年歷史並非浪得虛名。神田明神自戰國時代就是武將虔誠信仰的神祇，加上將軍德川家康認為神田明神保佑他拿下關原之戰，因此德川家世代特別看重此神社。如今是東京十社之一，也是神田、日本橋、秋葉原、築地市場等108町的總鎮守，說是東京守護神一點也不為過。

>江戶總鎮守——神田神社的鳥居

| 參 | 觀 | 重 | 點 |

Check 1　大黑天(大己貴命)

公認靈力高強，前來祈求緣分、健康、開拓事業等的信者眾多。高達兩層樓，大黑天手上的萬寶槌、屁股下的米袋分別象徵錢財與豐收，至於他背的就是裝滿幸運的福袋！

>祈求財源滾滾來的大黑天

本殿

因採用耐火結構幸運躲過東京大空襲，保存至今，於千禧年全面修復完工。可以從梁柱看到江戶幕府德川家的家徽葵紋（又稱德川葵）。

∧ 神田神社的本殿

神田明神文化交流館

神田明神文化交流館（EDOCCO）是透過「創新」引入新氣息，進而持續守護神社傳統的文化交流館。B1為職人藝術工坊與和服體驗。1樓的神禮授予所，提供超過60種御守，包括電腦專用、畫有動漫人物的護身符等，亦有許多Made in Japan的紀念品，包括清酒、精油、書籍、點心和裝飾。Logo的屋頂與文字是採用江戶時代的設計風格，新與舊兼容並蓄！

🌐 edocco.kandamyoujin.or.jp 📞03-6206-0575
🕐 每日10:00～18:00

∧ 嶄新的神田明神文化交流館

∧ 與神田地區、神田神社相關的各式書籍漫畫

∧ 專門守護電腦與手機的IT情報安全護身符

其他推薦

神田祭

日本三大祭典之一的神田祭，早期在9月舉辦，考量夏天易有颱風，現改為每兩年於5月舉辦。祭典遊行陣仗浩大，有神轎百座、神官與馬車，參與者逾500人，總路程逾30公里，跨周邊108個町會。

想蹲點拍張好照片，記得天亮就來卡位！留心東京的神轎與關西地區神轎造型不同，不只轎頂偏寬、還有卷曲的蕨手與下垂的鳳凰尾巴。

🌐 www.kandamyoujin.or.jp/kandamatsuri 📧祭典遊行於神田神社出發 🕐兩年一度於5月第二週舉行（下次為2021年）

1.鳳凰尾巴下垂是東京神轎的特徵之一 / 2.東京神轎的轎頂偏寬，有蕨手 / 3.神轎與山車聲勢浩大地在東京街頭遊行，神田祭開始 / 4.出生自神田的人，自古被稱為江戶子(老東京)，給人手腳俐落氣勢足的印象

17:10
～17:40

6 感受江戶手藝人的細膩
神田ちょん子
Kanda Chonko

🌐 kandachonko.main.jp ✉️ 東京都千代田區神田須田町 1-11-12 📞 03-3255-3990 🕐 12:00～19:30 🈺 不定休 ➡️ 🚇 丸之內線「淡路町」站A3出口，步行1分鐘 🗺️ P.66

從「製作小東西」的興趣，結果做出了一間店，老板對江戶微小世界的熱愛，都濃縮在這間和風小物工藝店裡。老板出身淺草，開業15年之後搬到太太的故鄉神田，至令和元年已過8個年頭。所有神田街坊的老店都在師傅巧手下停在時間的洪流裡，不只江戶前握壽司、鰻魚飯、天婦羅，甚至是東京名物蕎麥麵、和菓子點心，通通都有，還沒吃到就已覺得心滿意足。可將富士山拿在手上的江戶硝子杯，是熱銷品。把東京的美好時光帶回家吧！

1.什麼都賣的小物店 / 2.替酒瓶穿上典雅的和服新衣 / 3.當草莓蛋糕成為耳環，好想吃一口 / 4.針上有著江戶傳統和菓子，我捨不得用 / 5.低調的店門口，不進去不曉得別有洞天

其他推薦

神田甜點老鋪

擄獲大人小孩的心
近江屋洋菓子店
Oumiya Yougashiten

🌐 www.ohmiyayougashiten.co.jp ✉️ 東京都千代田區神田淡路町2-4 📞 03-3251-1088 🕐 週一～六09:00～19:00，週日與假日10:00～17:30 🈺 年始年末 ➡️ 丸之內線「淡路町」站A3出口，步行1分鐘 🗺️ P.66

看自網還以為這間店仕賣水果，原來是甜點店。創業逾135年，堅持重現百年前的美好滋味。社長每天親上市場挑選水果確保品質，老派歸老派，好吃受歡迎是必然。屢屢登上報章雜誌，招牌草莓蛋糕也是日本甜點紀念郵票上的美味一品。這不是一間讓你喊出「好可愛」的烘焙坊，而是連小孩都喜愛的家常甜點店。

1.招牌草莓蛋糕(苺サンドショート) / 2.內用低消是飲料喝到飽，5種以上的新鮮果汁任你喝 / 3.低調的門口很容易錯過 / 4.第二名人氣甜點是蘋果多到快掉出來的蘋果派

丸五選用的銘柄豚，特色是肉汁甘甜、肉質柔軟

7 駕驗難忘的炸豬排
丸五
Marugo

✉東京都千代田區外神田1-8-14 ☎03-3255-6595 🕐11:30～15:00(最後點餐14:00)、17:00～21:00(最後點餐20:00) 🈺週一及每月前三週的週二 ➡JR「秋葉原」站電氣街口出口，步行4分鐘 🗺P.66

　　日本美食評論網Tabelog上逼近4分（滿分5分）的高評價，並連續兩年拿下該網站百名店殊榮。單價比一般豬排店高，從排隊的人潮就知值得等待。光是在店前聞到的麻油清香，便足以讓人飢腸轆轆。經低溫長時間油炸的淺金色麵衣，意外吃起來無油膩感。從原味開始咀嚼，或加點鹽、抹上黃芥末，還有淋上特製豬排醬、擠點檸檬的各種吃法，任君創意搭配。

1.炸豬排配高麗菜絲的吃法日本獨有，據說是仿生魚片配蘿蔔絲而來 / **2.**Juicy的炸雞也值得一點 / **3.**說到秋葉原炸豬排名店，非「丸五」莫屬

散發萌萌氣息的蕃茄蛋包飯

8 心被女僕帶走啦
Maidreamin

🌐maidreamin.com ✉東京都千代田區外神田1-14-1(宝田中央通りビル3樓) ☎03-3526-2661 🕐週一～五11:30～23:00，週末及國定假日10:30～23:00 💲門票￥500，低消另計 ➡JR「秋葉原」站電氣街口出口，步行1分鐘 🗺P.66

1.套餐方案，不只有得吃還有獎品可以抽，離開前一起與女僕合影 / **2.**輕鬆沈浸在女僕咖啡廳歡樂的氣氛是重點之一 / **3.**在秋葉原街頭發傳單的女僕店員

　　身著白色蕾絲短裙、深藍色服裝的女僕們一字排開恭迎，齊喊「歡迎主人回家」，這裡是每個人的王國。吃飯與喝飲料前，跟著女僕一起傳送美味電波才可以開動。隨著女僕的元氣動感歌舞，沒有壓力、揮別煩惱，只有可愛與溫柔，連空氣都變成粉紅色。不愧是當地人與海外觀光客都推薦的女僕咖啡廳，說英文也通，很國際化。

同場加映
順遊 兩國

《忠臣藏》是日本家喻戶曉的復仇故事，改編自日本史上三大復仇行動其一「赤穗事件」，主要發生地點就在兩國。此事件膾炙人口，葛飾北齋畫過忠臣藏夜襲圖、木村拓哉出演大河劇《忠臣藏1/47》、武井咲出演時代劇《忠臣藏之戀》，從古至今熱度不曾停歇。

《忠臣藏》故事舞台

本所松坂町公園 (吉良邸跡)

Honjo Matsuzakacho Koen

東京都墨田區兩國3-13-9 JR總武線「兩國」站，步行5分鐘 MAP P.60

江戶幕府中期元祿年間(1701年)，赤穗藩藩主淺野長矩與吉良義央(又稱吉良上野介)本有嫌隙，在一場接見天皇使者活動中，吉良拿扇子敲淺野額頭，被激怒的淺野憤而拔刀回擊，砍傷吉良。此舉觸怒德川第五代將軍綱吉，淺野被下令切腹並且廢除赤穗藩，震盪整個江戶。淺野家臣們不服判決、上書請願，最後仍以失敗告終，因此決定密謀替藩主報仇，集結47位赤穗浪人，殺進吉良宅邸取其首級祭拜淺野，自首後集體切腹，事件宣告落幕。

吉良宅邸範圍包括本所松坂町公園在內的鄰近區域。事件發生後，宅邸被幕府沒收，直到

1.與其說這裡是公園，用「紀念意義的場所」來形容更加貼切 / 2.本所松坂町公園內的八重櫻，數朵叢生且懸垂綻放是這種櫻花的特色 / 3.吉良上野介義央公雕像 / 4.院內有稻荷大明神鎮守

1934年有志人士買下此地捐贈給政府。過去的宅邸大門與側門位置，至今仍保有說明立牌。

赤穗事件看似兩敗俱傷，但民眾對忠臣景仰不已，而學者對復仇者評價正反不一，有人說將軍破壞幕府制度、小傳出此乃政治鬥爭之說。不論為何，這47士體現當時武士精神、替主公復仇展現忠誠的集體主義，成為歌舞伎、戲劇，甚至是說書人的主要題材，也對後世留下深遠影響。

日式花街風情・昔日江戶城遺跡

神樂坂・皇居
kagurazaka, kokyo

圖片提供／許志忠

久仰神樂坂大名，日本友人推薦來神樂坂追尋傳說中很有京都味的石板路。咱們先在神樂坂「龜井堂」買早餐，向溫暖的服務人員道別後，隨即走到帝濤的「赤城神社」參拜，一窺日劇拍攝場景的真面目。接著到「善國寺」找七福神之一毘沙門天開運。午餐在「神樂坂おいしんぼ」享用一頓精緻又超值的料亭手藝。下午茶是「紀之善」的粟善哉。吃飽散步幫助消化，走到「東京大神宮」見識東京最靈驗的月老廟，完美能量景點蒐集 Get！搭東京地下鐵到竹橋站，目標是日本天皇所在地「皇居」旁的花園「東御苑」，也是東京都心占地最廣闊的綠地。從東御苑開始，踏著綠地順遊到「北之丸公園」。如果巧遇櫻花季，錯過了皇居旁的千鳥淵綠道，可是會遺憾的啊！

Route 04 行程計畫

日式花街風情，
昔日江戶城遺跡。

圖片提供／許志忠

10:00 ～ 10:19

Start

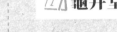
1 龜井堂

↓ 🚶 往東北方走1分鐘

10:20 ～ 11:00

2 赤城神社

↓ 🚶 沿神樂坂通往東南方走10分鐘

11:10 ～ 11:29

3 善國寺

↓ 🚶 沿神樂坂通往西，再右轉往兵庫橫丁方向走1分鐘

11:30 ～ 13:00

4 神樂坂おいしんぼ

↓ 🚶 走回神樂坂通，往東南方走5分鐘

13:05 ～ 13:45

5 紀之善

↓ 🚶 經早稻田通與大神宮通，走10分鐘

13:55 ～ 14:35

6 東京大神宮

↓ 🚇 在「飯田橋」站搭乘東京地下鐵東西線於「竹橋」站下車

14:50 ~ 16:50

〔7〕皇居東御苑

17:30 ~ 19:00

Goal 〔9〕八咫烏

🚶 出北桔橋門，過天橋後直走5分鐘

一日 花費 交通未計 幣值日圓 含稅	龜井堂	235
	神樂坂おいしんぼ	1,980
	紀之善	891
	八咫烏	1,100
	Total	4,206

16:55 ~ 17:20

〔8〕北之丸公園

🚶 出田安門右轉靖國通，再左轉目白通走10分鐘

交通對策

第一站龜井堂就在**東京地下鐵東西線神樂坂站**外不遠處，而接下來在神樂坂一帶的景點均步行可達；從東京大神宮到皇居東御苑則建議搭地鐵(距離大神宮最近的是**東京地下鐵東西線飯田橋站**)。請注意：多條鐵路在飯田橋皆有設站(見下方圖示)，可透過地下道互通。

東京地下鐵 Ⓜ 有樂町線

東京地下鐵 Ⓜ 南北線

都營地下鐵 ❤ 大江戶線

JR Ⓙ🆁 總武線

東京地下鐵 Ⓜ 東西線

神樂坂 —步行→ 飯田橋 Ⓜ東西線 皇居（竹橋站）
（¥170）

神樂坂

神樂坂因為能在斜坡上聽見神社傳出的奏樂聲得名。神樂坂處處都有迷宮般的小街小巷，因江戶幕府大老住宅而繁榮，藝伎文化從幕末開始持續，在明治時期達到藝伎滿街的巔峰，酒店與餐館林立，亦受文人青睞。如今藝伎人數雖不如前，石板路與黑牆仍靜靜的在那兒，是東京罕見帶有濃濃日式風味的下町地區。

有人覺得石板路、斜坡窄巷神似法國蒙馬特(Montmartre)，加上舊東京日法學院就在此處，吸引不少法國人長住，這也是外國人在神樂坂不稀奇的原因之一。神樂坂有種自成一國的氛圍，巷裡隨處可見的鮮花植栽，是住民自發性維護街景的用心。

此區見下方放大圖

皇居

東京車站旁有片綠油油如森林的場所，就是皇居。位處東京核心，皇居是日本皇室居住的宮殿，外圍的護城河將它圍繞，宛如 座島。除特定節日，皇居不對外開放，而皇居內苑則可透過日本宮內廳官網預約參觀。此外，也可以從對外開放的東御苑與北之丸公園，一窺皇居的神祕風采。

●日枝神

N

小石川後樂園

東京巨蛋

飯田橋

水道橋

JR

御茶之水
JR

6 東京大神宮

大神宮通

早稻田通

白山通

9 八咫烏

新御茶之水

九段下

新宿線

神保町

小川町 淡路町

靖國通

靖國通

三田線

半藏門線

田安門

日本武道館

千鳥淵綠道

8

北之丸公園

科學技術館

東西線

千代田線

丸之內線

竹橋

國立東京
近代美術館

平川門

代官町通

乾門

北桔橋門

午砲台跡

半藏濠

7

皇居東御苑

大手町

吹上仙洞御所

半藏門

永代通

新宿通

宮內廳內郵局

八重洲
北口

皇居

坂下門

日比谷公園

宮殿

二重橋前
丸之內
南口

東京

JR

皇居新年參賀路線：正門→坂下門
賞春櫻、秋楓路線：坂下門→乾門

皇居外苑

東京車站

Café
1894

正門

東京

KITTE

櫻田門

有樂町線

日比谷線

大江戶
古董市集

丸之內線

國會議事堂

霞關

櫻田門

日比谷

有樂町
JR

中央線

日比谷公園

看起來輕巧,實拿沉甸甸,還沒吃就令人驚喜

印有烏龜圖樣的吐司,也是隱藏人氣品項

[1] 溫柔的奶油麵包

龜井堂
Kameidou

📧東京都新宿區神樂坂6-39 📞03-3269-0480 🕐週一～五08:00～19:00,週六09:30～18:00 🈂週日及國定假日 ➡️Ⓜ️東西線「神樂坂」站1號出口,步行1分鐘
🅼️P.76

連續撲空三次,終於在第四次搶到奶油麵包。40幾年前開始販售麵包與蛋糕的龜井堂,是間內外都十分純樸的烘焙坊,正港的皮薄內餡多。奶油麵包的內餡是與泡芙相同的卡士達奶油,一天賣到400個不是問題。旁邊住民說這就是小時候的味道,跟龜井堂的服務一樣,溫柔又讓人懷念,永不厭倦的滋味。

1.在斜坡能聽見神社傳出奏樂的聲音,是神樂坂地名由來 / 2.藍綠色系的店面讓人很難不注意龜井堂的存在 / 3.剛出爐的奶油麵包 / 4.季節限定的栗子麵包連外觀都很栗子

赤城神社
Akagi Jinja

隈研吾監修重建，最時髦的神社

🌐www.akagi-jinja.jp ✉東京都新宿區赤城元町1-10 ☎03-3260-5071 ⏰參拜全日開放 🚇東西線「神樂坂」站1號出口，步行1分鐘 🗺P.76

引自群馬赤城山的赤城神社分靈而建，與日枝神社（P.86）、神田神社（P.67）並列重要「江戶三社」。有別於常見木質風格神社，隱身在樹林裡的赤城神社有段滄桑過往。歷經火災、二戰轟炸夷為平地，在2010年由建築師隈研吾

監修重建，以四面鑲嵌坡璃的斬新設計，象徵著神樂坂信仰的傳統與革新，也是目前日本唯一以玻璃打造的神社。可以發現日本人在創新的前提之下仍不忘維護傳統的心意。這裡每月舉辦的「赤城市集」很受歡迎。

1.就算要蓋新建築，也以不破壞古老氛圍為考量，正是日本人的細心 / **2**.供奉聖德太子的八耳神社，據說拜完耳朵會更靈喔 / **3**.赤城神社紅色鳥居下熱鬧的赤城市集(圖片提供／許志忠)

Check 1 螢雪天神

同在二戰被燒毀，由教育相關出版社協助重建，以螢雪天神之名重出江湖。螢雪意旨勤勉向學。主奉守護學生試驗合格的學問之神菅原道真，身為日本威力強大的怨靈之一，有日本版文昌帝君的意味。

∧據說為了讓神明聽見我們在繪馬上的願望，地址、姓名與日期缺一不可

Check 2 守護獸

受佛教傳播影響，日本神道教在神社前放置石獅子。赤城神社的石獅子一度被燒而毀損，2010年重建時一併將守護獸的形象重新設計，以江戶時代流行的「加賀白山狗」，兼併獅子的威武與老鷹的銳利，因此就成就了今日所見的守護獸。

∧石階最上方就是守護獸

Check 3 鬼太郎御守

猜出這眼珠子與黃黑橫紋的圖樣來自哪部漫畫了嗎？為了世界和平與同伴對抗邪惡妖怪的《鬼太郎》，御守自然脫不了「除厄」與「開運」。創作者水木茂，曾在漫畫搬上大螢幕時到此祈願，並設計御守，不少粉絲聞風而至。

∧鬼太郎與眼球老爹兩種造型。紅色表開運、黑色表解厄運，存心逼人全部買回家啊

日劇 Q 放大鏡
我與尾巴與神樂坂

稻荷神是掌管五穀豐收、工商興隆的神明。看起來很像荒廢許久的出世稻荷神社，在日劇中《我與尾巴與神樂坂》擔當重要場景。這是一部描繪獸醫師返鄉服務當地居民與寵物情感羈絆的故事。
主角是傑尼斯藝人相葉雅紀，所以在這兒發現傑尼斯粉絲並不稀奇；他在劇中有許多與寵物共演的鏡頭，也是少數以素顏演出的作品。

<日劇《我與尾巴與神樂坂》改編自漫畫

11:10 ～ 11:29

遊玩鐵則
木製毘沙門天像平常不對外開放，每年1、5、9月的特定日才會露面。

3 神樂坂的發展基礎
善國寺
Zenkokuji

有形文化財

http www.kagurazaka-bishamonten.com ✉東京都新宿區神樂坂5-36 ☎03-3269-0641 🕐社務09:00～18:00 ➡有樂町線、南北線、東西線和大江戶線「飯田橋」站B3出口，步行5分鐘 MAP P.76

神樂坂這一帶真的很受德川家喜愛。善國寺於1595年由將軍德川家康所建，1792年與門前9間商店一併從千代田區遷移至神樂坂，成為這個區域發展的基礎。主奉七福神之一的毘沙門天，以開運鴻福聞名。毘沙門天來自印度，是知識財富之神，也是武神，戰國武將上杉謙信即為祂的虔誠信徒，戰績彪炳。

1.善國寺的守護獸石虎是新宿區指定有形民俗文化財，有200多年歷史，左邊的守護獸有著因東京大空襲損傷修復後的痕跡 / 2.參拜用的洗手處 / 3.善國寺也是日劇《敬啟、父親大人》拍攝地之一，走在神樂坂街上還會聽到主題曲〈紙箋〉

Route 04

11:30 ～ 13:00

餐後甜點是烘焙茶做成的奶酪配黑糖蜜

4 料亭手藝，價格親民
神樂坂おいしんぼ
Kagurazaka Oishinbo

http wa-kinari.jp/k-oishinbo ✉東京都新宿區神樂坂4-8 ☎03-3269-0779 🕐11:30～15:00(最後點餐14:00)，17:30～23:00(最後點餐22:00) ➡有樂町線、南北線、東西線和大江戶線「飯田橋」站B3出口，步行5分鐘 MAP P.76

這間餐廳沿用傳統料亭手藝，推出附甜點的創意懷石料理午間套餐。這裡有庭園與純和式建築、專人接待、榻榻米包廂、高檔餐具，還有提供藝伎表演，適合接待政商名流。料亭是日本獨有的飲食文化，如今從事藝伎工作的人數減少，原先對庶民來說高不可攀的料亭，部分轉型走入民間後，價格則相對親切，仍保有

1.「海鮮ちらし御飯」的新鮮生魚配上熱飯，每口卻齒頰留香 / 2.「湯葉尽くし」昼御膳套餐的吻仔魚豆皮蓋飯，魅力不輸給主菜可樂餅 / 3.這料亭正是《敬啟、父親大人》主角學料理的拍攝場所

料亭的風雅。在古宅裡體驗料理藝術之美，品嘗師傅善用季節風味，用心呈現的料理組合。入店需脫鞋，用餐時需盤腿或跪坐在蒲團上。

13:05 ～ 13:45

抹茶巴巴露亞有鮮奶油、帶顆粒的紅豆泥與抹茶凍

[5] 從此愛上日式甜點

紀之善
Kinozen

🌐www.kinozen.co.jp ✉東京都新宿區神樂坂1-12 ☎03-3269-2920 🕐週二～六11:00～20:00(最後點餐19:30)，週日及國定假日11:30～18:00(最後點餐17:00) 休週一 ➡有樂町線、南北線、東西線和大江戶線「飯田橋」站B3出口，步行1分鐘。JR總武線「飯田橋」西口，步行3分鐘 MAP P.76

主打日式甜點，依著四季推出麻糬湯、葛餅、涼粉等傳統點心。顛覆我對日本甜點的印象，在紀之善發現新大陸！「粟善哉」(あわぜんざい)裡看似麻糬的糰子是用糯黍做成。黍香濃，嚼勁足。配上解膩的鹹味小菜相當新奇。店員推薦的人氣第一名是甜點抹茶「巴巴露亞」(ババロア)，介於鮮奶油與布丁之間、類似慕斯的口感，一入口隨即化開。

1.甜點模型看起來真可口 / 2.紀之善開放內用，趕時間的朋友可以選擇外帶 / 3.粟善哉的北海道十勝紅豆泥，搭配蒸熟的粟米，清香溫潤

其他推薦

神樂坂甜點店

開放式吧檯，內用現點現做很厲害

ATELIER KOHTA

🌐atelierkohta.jimdosite.com ✉東京都新宿區神樂坂6-25 ☎03-5227-4037 🕐內用：週一13:00～16:00，週二11:00～16:00，週三～五11:00～16:00與17:00～19:00，週末及國定假日11:00～17:00。外帶：平日10:00～20:00，週末及國定假日至19:00 ➡東西線「神樂坂」站1號出口，步行1分鐘 MAP P.76

與一般甜點店不同，ATELIER KOHTA僅提供9個座位，只為了將甜點從製作到裝盤都完美無瑕地呈現在客人面前。師傅非常留心客人的一舉一動，哪怕只是一個眼神，師傅都能瞬間給予回應。黑醋栗蒙布朗(モンブランカシス)不只餵飽了眼睛，也滿足了味蕾。

1.黑醋栗蒙布朗上層的蘭姆冰淇淋與栗子奶油，這組合真巧妙 / 2.在ATELIER KOHTA的吧檯，體驗瘋狂甜點之旅 / 3.吃甜點配上熱美式，午茶時光

供奉天照大神、掌管農業與衣食的豐受大神與結緣三神聞名

掛上戀愛成就心願，祈求神明保佑

6 日本人的月老廟
東京大神宮
Tokyo Daijingu

1.1880年從伊勢神宮勸請而建，有點類似分靈，但靈驗程度不變 / 2.「千木」平行於地面表示主祭神是女神 / 3.繪馬中純白色的鈴蘭花代表幸福降臨 / 4.抽一支戀愛相關建議的「戀愛籤詩」，聽聽神明怎麼說

http www.tokyodaijingu.or.jp ✉東京都千代田區富士見2-4-1 ☎03-3262-3566 ⏰每日06:00～21:00 🚇有樂町線、南北線、東西線和大江戶線「飯田橋」站A4出口，步行5分鐘。JR總武線「飯田橋」西口，步行4分鐘 MAP P.77

　　東京戀愛能量最強景點非此地莫屬。這裡供奉「天照大神」，是皇室祖先，是日本人的守護神，也是世界唯一的太陽女神，掌管天地萬物的姻緣。神社屋頂有塊突出的木材叫做「千木」，蘊藏著辨認主祭神為男神或女神的關鍵，若平行於地面就是女神。不只求緣分，還能辦一場「神前結婚儀式」，從戀愛到結婚通包！這裡是第一間開放讓平民結婚的神社，在神的

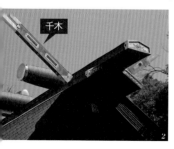

千木

面前感謝緣分到來，發誓兩人互相照顧，攜手走向未來。此外，境內飯富稻荷神社供奉演藝之神，說不定有機會遇到來參拜的藝人。如果想祈求豐衣足食、業務興隆，聽說也很靈喔！

神前式結婚
豆知識

　　有著濃厚民族風情的日本神前式結婚，最早可以回溯到室町時代武家的結婚儀式。直到明治時代，東京大神宮首次舉行平民神前式結婚後，帶動風潮。不同於基督教婚禮儀式的神父，神前結婚式由神官主持、唸禱、交換戒指，一對對穿著黑白色系傳統服飾的新人，肅穆且莊重地交互連喝三杯酒(象徵長久)，在神明面前誓言終生相守，邁入人生另一階段。

過去的城堡建築，如今改建為優雅的日式庭園，是都市綠洲，也是個鍛鍊腿力的好地方

7 天皇的花園

皇居東御苑
Kokyo Higashigyoen

✉東京都千代田區千代田1-1 ☎03-3213-0095 🕐09:00～16:30 ❌週一、五、國定假日 💲免費 🚇東西線「竹橋」站1a出口，步行5分鐘至平川門 🗺P.77

　天皇是世襲的皇族，也是日本國家與國民的象徵，感覺皇居高不可攀，其實沒那麼神祕，事先網路申請參加導覽即可入內參觀。而平日對外開放的東御苑，原為江戶城內部中心的遺址已夷為平地（上有紀念碑），站在園內仍可望見過去的城牆、護城河和大門等遺址。皇居護城河叫「千鳥淵」，一旁的綠道在櫻花盛開時擠滿人潮，是超熱門賞櫻名所。

1.回遊式設計的二之丸庭院 / 2.看著護城河上追著櫻花跑的民眾，也是一種樂趣 / 3.千鳥淵綠道短短700公尺、百株櫻花樹成蔭，拍到欲罷不能

皇居參觀申請

16:55 ～ 17:20

8 江戶北之丸古蹟，賞秋楓名所
北之丸公園
Kitanomaru Koen

✉東京都千代田區北之丸公園1-1 ☎03-3213-0095 🕐全日 ➡️Ⓜ東西線「九段下」站2號出口，步行5分鐘 MAP P.77

1.賞楓時特別開放，從皇居走到北之丸公園沿途景致 / 2.見樹又見林，紅葉看頭不輸給櫻花 / 3.秋天賞楓時期的北之丸公園。這個公園也是觀賞梅花、櫻花的熱門景點

從皇居到北之丸公園只有一門之隔，雖不見得能遇上皇居開放。德川家族曾居住此地，如今北之丸公園的綠地與愜意深受居民與遊客喜愛。最初是紀念昭和天皇壽誕而對外開放的公園，在園內可看到日本武道館、國立近代美術館，以及現存最古老的江戶城建築田安門。

Goal 17:30 ～ 19:00

9 淡麗系清爽風格
八咫烏
Yatagarasu

1.極酥爽，味道很深的白湯頭深深吸引 / 2.八咫烏店鋪自成市，照著Google Map走才不會迷路

✉東京都千代田區九段北1-9-2 ☎03-6256-9929 🕐週一～五11:00～22:00，週六11:00～15:00 🈺週日及國定假日 ➡️Ⓜ東西線「九段下」站7號出口，步行5分鐘 MAP P.77

靠近皇居這一帶有著以八咫烏（三隻腳的烏鴉，是太陽的化身、神的使者）為名的拉麵店。八咫烏湯頭走淡麗系，澄澈透明漾著清爽，沒有一絲混濁。嚴選小魚乾、昆布、鰹魚與大量蔬菜，不含一滴獸肉成分的滋味讓人輕鬆喝到最後一口。點餐時有兩種湯頭可選，黑（醬油）與白（鹽味）。配料則有半熟蛋、餛飩、豚叉燒與雞肉，加上麥香突出的細麵，整家店只有吃麵簌簌的聲音在耳邊迴盪。

神前守護的使
者是保佑夫妻
圓滿的夫妻猴

主辦江戶三大祭之一
日枝神社
Hie Jinja

http www.hiejinja.net ✉ 東京都千代田區永田町2-10-5
📞 03-3581-2471 ➡ 千代田線「赤坂站」2號出口，步
行3分鐘 MAP P.76

1.與日枝神社合照作為新年賀卡很常見 / 2.2014年完工的迷你
千本鳥居(山王稻荷神社參道)，常被誤認為是正門 / 3.搭手扶
梯逛神社，是非常罕見的設計

　　日枝神社位在東京高貴地段，四周商辦大樓
與政府機關林立，從參道一路向上走，感受神
社境內生氣蓬勃，赤坂側參道入口有向上的單
向手扶梯，非常方便。擁有500多年歷史的日
枝神社在二戰後被炸毀，如今眼前所見已是戰

後重建。平常的日枝神社就已擠滿來自各地的
朝聖者，更不用說6月山王祭的遊行，是日本
唯一一間可以進入皇居進行祈福儀式的神社。

日本鐵路樞紐
東京車站
Tokyo Eki
圖片提供/許志忠

http www.tokyostationcity.com ➡ 丸之內線「東京站」
、東西線「大手町站」。JR 在來線與新幹線。免費巡迴
巴士「丸の内シャトル」與「メトロリンク日本橋」 MAP P.77

　　東京車站是從東京往日本各地的主要車站。
「哇！跟臺灣的總統府有點像！」紅磚與白灰
色相間的設計、皇冠般的塔樓或圓頂，沉穩簡
潔的文藝復興風格，是建築師辰野金吾(1854
～1919)的「辰野式設計」。因徒弟們於日據時
期來臺發展，臺灣的總統府，臺大醫院舊院、
臺北南昌路菸酒公賣局與舊臺中車站都屬此風
格，辨識度極高。可在「丸之內南口」、「八重
洲北口」找到洗手間。想用餐或是採買伴手禮
請從「八重洲北口」通往B1。B1有東京拉麵
街、車站一番街，進去就很難輕易脫身喔！

1.車站旁全白建築KITTE是隈研吾作品，站在頂樓露台可看
見整座東京車站 / 2.東京車站充分展現「辰野式設計」的魅
力 / 3.東京車站穹頂天花板

自家製
經典蘋果派

踏進1894年日本老銀行

Café 1894

🌐mimt.jp/cafe1894 ✉東京都千代田區丸之內2-6-2(三菱一號美術館1F) ☎03-3212-7156 ⏰每日11:00～23:00 ❌不定休 ￥500起 ➡JR「東京站」丸之內南出口，步行5分鐘 🗺P.77

改建自銀行的Café 1894，因保留過去古色古香的銀行櫃檯成為爆紅的打卡景點。西洋懷舊的內裝，魅力遠超過餐點啦！醒目的紅磚建築佇立在水泥叢林中也顯得很高調。旁邊的美術館館藏與建築都走19世紀末的西洋美術風，咖啡廳不定期提供展覽限定的主題餐，每逢假日常會大排長龍。

1.銀行改裝成的咖啡廳，氣氛是不是很棒 / 2.三菱一號美術館是丸之內地區首棟西式建築 / 3.Café 1894窄窄的店門口 / 4.這裡是日劇《半澤直樹》與《相棒》重要場景，日劇迷別錯過

日本最大戶外古董市集

大江戶古董市集

Oedo Kottoshi

🌐www.antique-market.jp ✉東京都千代田區丸之內3-5-1 ⏰每個月第一、三週日09:00～16:00 ➡JR「有樂町站」中央西口出口，步行1分鐘 🗺P.77

1,2賣什麼都不奇怪，慢慢地循著直覺挖寶，是逛二手市集的樂趣 / 3逛市集最棒的時間點是人較少的中午前

新手也很好逛的古董二手市集，網羅許多復古飾品、器皿與家具，明確的標價減輕了對古董高貴的恐懼。值得注意的是，市集的參展賣家年齡至少中年以上，堪稱參展攤販年紀最長的古董市集。

濃郁書香，人才培育的搖籃。

後樂園・御茶之水・神保町

korakuen, ochanomitsu, jinbōchō

早上從「小石川後樂園」出發，一見古人遊樂園的真面目，連帶吸收芬多精。徒步走到「文京區役所展望台」，在都市叢林中踏上制高點，俯視稍早深入游逛的小石川後樂園。搭地鐵在御茶之水下車，走到日本教育發祥地「湯島聖堂」，原來孔子在日本人心中也有一份歷史重量。順路走到「聖橋」，縱橫交錯的東京立體交通軌道就在眼前。繼續朝著有座綠色圓頂屋頂的教堂前進。從俄羅斯傳入日本，日本唯一拜占庭建築「東京復活大聖堂」。沿著靖國通繼續走，來到好拍好逛又好聞的世界最大舊書街「神保町古書街」。古書街這邊最夯的代表美食，就是邊看書也能方便入口的咖哩飯，務必嘗試！

濃郁書香，
人才培育的搖籃。

09:00 ~ 10:40

Start

 ① 小石川後樂園

 往東北方走10分鐘

10:50 ~ 11:30

② 文京區役所展望台

春日通方向往東走，右轉白山通，走5分鐘

11:35 ~ 13:05

③ Bubba Gump
Shrimp Tokyo

 在「後樂園」站搭乘東京地下鐵丸之內線，
於「御茶之水」下車走5分鐘

13:20 ~ 13:45

④ 湯島聖堂

 沿著本鄉通往南走6分鐘

13:51 ~ 13:57

⑤ 聖橋

 沿著本鄉通往南走3分鐘

14:00 ~ 15:00

⑥ 東京復活大聖堂

 往西聖堂明大通左轉，走10分鐘

15:10 ~ 17:30

[7] 神保町古書街

步行1分鐘，神田谷書中心2樓

17:31 ~ 19:00

Goal

[8] 歐風カレー ボンディ

一日花費	小石川後樂園	300
交通未計幣值日圓含稅	Bubba Gump Shrimp Tokyo	2,850
	東京復活大聖堂	300
	歐風カレー ボンディ	1,500
	Total	4,950

後樂園、御茶之水、神保町相關位置圖

春日

後樂園　　本鄉三丁目

後樂園

飯田橋　　水道橋　　御茶之水

御茶之水

新御茶之水

九段下　神保町　　　小川町

神保町　　　　　淡路町

交通對策

在東京玩安要有走(腿)路(酸)的覺悟。抵達後樂園的交通方式非常多種，不要小看東京都心的地鐵轉乘系統，轉車同等於走路，先確認出發地再選擇高CP值的搭車方式。

如何迅速前往第一站小石川後樂園？
■**都營地下鐵**：大江戶線「飯田橋」站C3出口步行3分鐘。
■**東京地下鐵**：東西線、有樂町線、南北線「飯田橋」站，A1出口步行8分鐘。丸之內線、南北線「後樂園」站，2號出口步行8分鐘。
■**JR總武線**：「飯田橋」站東口，步行8分鐘。「水道橋」站西口，步行8分鐘。

都營地下鐵 ● 大江戶線

東京地下鐵 Ⓜ 南北線

東京地下鐵 Ⓜ 東西線

都營地下鐵 Ⓜ 有樂町線

JR JR 總武線

飯田橋　Ⓜ丸之內線(￥170)　**御茶之水**
15分鐘

神保町　　　步行　10分鐘

06 07 08 09 10 11 12 Route 05 13 14 15 16 17 18 19 20 21 22 23 00

後樂園

春日通

大江戶線

文京區役所展望台 2

後樂園

丸之內線

LaQua

出入口

Bubba Gump Shrimp Tokyo 3

円月橋

得仁堂

出入口

南北線

小石川後樂園 1

野球殿堂博物館

東京巨蛋

壹岐坂通

白山通

入口

大泉水

三田線

後樂園表演廳

東京巨蛋
遊樂園

C3 出口

Meets Port
美食城

南北線

飯田橋

外堀通

水道橋

往神保町↓

飯田橋

小石川橋

JR

N

總武線

水道橋

JR

神保町

N

白山通

神保町にゃんこ堂

新宿線

靖國通

往湯島聖堂、
東京復活大聖堂
(見P.66)

神保町

書泉

古瀬戶咖啡

Book House
Cafe

古賀書店 矢口書店 8

半藏門線

ラドリオ

三省堂書

歐風カレー ボンディ

專大通

三田線

Kitchen
Nankai

鈴蘭通

櫻通

山形屋紙店

7

神保町古書街

i 遊客中心

明大通

花月劇場

小石川樂園的一切讓我大開眼界

遊玩鐵則

週六～一與假日11:00、14:00有日語導覽，週六10:00為英語導覽(皆免費)。

1 特別史蹟與名勝，東京現存最古老庭園
小石川後樂園
Koishikawa Korakuen

http ppt.cc/f8pNTx ✉東京都文京區後樂1-6-6 ☎03-3811-3015 ⏰09:00~17.00(最後入園16:30) 休12/29~1/1 $一般￥300，65歲以上￥150，小學生免費；5/4與10/1免費入園 ➡見P.91交通對策 MAP P.92

　　嚮往中國文人范仲淹《岳陽樓記》所言「先天下之憂而憂，後天下之樂而樂」的氣魄而得名的庭園。為避免與其他後樂園混淆，命為小石川後樂園。庭園是由德川家康的孫子德川光國將軍興建，經明朝學者朱舜水命名，於1669年完成。傳說許多大名(日本封建時代的領主)也是以它為靈感而建造自己的庭園。

　　位在東京都中央地帶，小石川後樂園裡兼容河川、山景、海景與田園，寧靜的環境彷彿有結界般不受外界干擾。春有櫻花與紫藤，夏有杜鵑，秋有楓葉，冬有梅花，隨時來訪，都有

1.円月橋旁邊的池子是仿造京都嵐山，另一頭靈感來自中國杭州的西湖 / 2.踏過水上石頭，別有一番趣味。右為通天橋

令人心曠神怡的景致。而朱紅色的通天橋，不論是襯搭綠葉或紅葉，拍起照來都很美。

Check 1 — 大泉水

走入庭園裡最先映入眼簾的景觀。中央那座醒目的蓬萊島，是比照日本最大湖泊琵琶湖而建。這種有山水環繞，以石頭與橋點綴的庭園又稱「回遊式庭園」。庭園的池水過去引自神田上水（現今的三鷹市井之頭池），遙想當年人工一步一腳印的開挖渠道，就為了確保江戶子民有乾淨的水喝，當領頭羊真不容易。

>小石川後樂園入口處

∧大泉水

Check 2 — 得仁堂

德川光國因為《史記》伯夷、叔齊兄弟以身殉道的故事大為感動，以《論語》述而篇談及的「求仁而得仁」命名這座「得仁堂」，並將兩位的木雕安置於此。無受天災人禍波及保存至今，已列入特別史蹟。

∧保存很好的得仁堂，屋簷的雕飾還有補色過的痕跡

Check 3 — 円月橋

橋梁與映照在水面的影子，組合起來恰好是個滿月，因此就算在白天也能賞月。同樣在災禍中倖存，昔日風華猶然可見。

>円月橋

Check 4 — 奇石

石頭在日本庭園扮演重要角色，擺放的位置與意義必須其來有自。例如大堰川旁這顆巨石代表的即是富士山。

>像富士山嗎？

∧愛宕坂利用高低差營造出遠近距離，是純欣賞不給爬的路

∧透過石頭與高低路面，設計成仿中式風情的深山幽谷景致

其他景點：

∧庭園西邊的稻田現在仍有鄰近小學生負責耕種，秋收之後打成麻糬

10:50 ～ 11:30

② 東京23區役所之最高美景
文京區役所展望台
Bunkyo Civic Center Observation Deck

🌐 ppt.cc/fsO9ex ✉ 東京都文京區春日1-16-21(25樓) ☎ 03-5803-1162 🕐 每日09:00～20:30 ✖ 5月第三個週日與12/29～1/3 ➡ 🚇丸之內線、南北線「後樂園」站5號出口，步行1分鐘。🚇 三田線、大江戶線「春日」站地下通道，步行1分鐘 ⓘ 禁用閃光、腳架或自拍棒 MAP P.92

1.日落後還有一些夕陽餘暉的景色 / 2.站在展望台往晴空塔方向看過去，墊腳可以瞄到東京巨蛋城的摩天輪 / 3.前方的晴空塔，彷彿要鑽進雲上

搭乘透明電梯直達25樓展望台，文京區的區公所有亮點。遠景免費看到飽之外，330度視角俯視整座小石川後樂園，還有晴空塔等大景，最重要是玻璃超級乾淨。在晴朗的早晨來訪，看到富士山的機率較高（能在這裡看到關東富士百選美景，堪稱幸運兒！）若想捕捉夕陽，建議日落前30分鐘來等待。

11:35 ～ 13:05

乾爽的馬鈴薯塊配上酸奶、乳酪絲與碎培根

③ 走進阿甘正傳的捕蝦船
Bubba Gump Shrimp Tokyo

🌐 bubbagump.jp ✉ 東京都文京區春日1-1-1(LaQua 1F) ☎ 03-5800-7011 🕐 每日11:00～23:00(最後點餐22:00) ➡ 🚇丸之內線、南北線「後樂園」站2號出口，步行3分鐘。🚇 三田線、大江戶線「春日」站A1出口，步行3分鐘 MAP P.92

1.店內裝潢與歡樂的音樂聲響，彷彿在美國吃飯般熱鬧 / 2.阿甘用船捕蝦，咱們徒手吃蝦 / 3.路易斯安那檸檬調酒(Louisiana Lemonades)，含熱帶檸檬汁與蘭姆酒

源自美國電影《阿甘正傳》主題餐廳，劇中主角阿甘所開的捕蝦船在日本也有分店。店員推薦必吃雙拼口味蝦料理，已經去頭、去腸泥的清蒸蝦，配上美國南方辛辣香料Cajun或是大蒜，吮指過癮意外好吃，如同阿甘的娘在劇中說「人生就像一盒巧克力，你無法預知會吃到什麼口味！」除了蝦料理，電影周邊商品，書籍、餐盤、報紙等應有盡有，就像走入電影場景那樣逼真，阿甘粉一定大呼過癮。

掛滿合格與祈願繪馬，
第一次看到掛得如此澎湃

杏壇門源自於
孔子的講堂

[4] 日本學校教育發祥地

湯島聖堂

壇杏

Yushima Seido

http www.seido.or.jp ✉ 東京都文京區湯島1-4-25 ☎ 03-3251-4606 🕐 09:30～17:00(冬季開放至16:00)。大成殿：週末及國定假日10:00～閉館 休 8/13～8/17、12/29～12/31 🚇 丸之內線「御茶之水」站1號出口，步行3分鐘。JR中央線、總武線「御茶之水」站聖橋口出口，步行3分鐘 MAP P.66

　　外觀黑色的孔子廟由江戶幕府第五代將軍德川綱吉所蓋，並且成為幕府管轄的學問所。明治初期，學問所、醫療種痘所與天文合併成東京大學的前身，是日本高等教育的起源。這一帶學風濃厚，稱為「文京區」名符其實。

　　每到1月升學考試時節，總是擠滿祈求考試順利的考生與家長。1922年才剛被指定為國家級歷史古蹟，可惜未躲過隔年的關東大地震，現在看到的建築是昭和時代再建完成。附近有一座名為「昌平」的橋，即取自孔子誕生的山東省村名。

1.二戰結束後日本戰敗，象徵以德報怨，臺灣獅子會贈了這尊的世界最大孔子像 / 2.孔子像旁的黃連木 / 3.湯島聖堂本殿平常不對外開放

　　相傳孔子得意門生子貢，在為孔子守墓時種植了一棵黃連木，是兼具藥用、家具、榨油等經濟價值高的作物；湯島聖堂的孔子像旁也有一棵來自孔子故鄉中國的黃連木。

13:51 〜 13:57

現在的聖橋已是現代風格十足且堅固耐用的橋了

5 東京鐵道迷必訪
聖橋
Hijiri Bashi

✉東京都千代田區神田駿河台4丁目〜文京區湯島1丁目
➡ⓜ千代田線「新御茶之水」站B1、B2出口，步行1分鐘。ⓙ中央線、總武線線「御茶之水」站聖橋口出口，步行1分鐘 ⓂＡＰP.66

　日本武道館(兩屆東京奧運場地之一)建築師山田守(1894〜1966)設計，連接神田川兩側東京復活大聖堂與湯島聖堂的拱橋，是鐵道迷的拍照聖地，在橋上可看到地下鐵丸之內線行駛於地面上的景象。推薦在靠近湯島聖堂這一頭的圍欄蹲點，即可捕捉列車交會的畫面。

1.聖橋上有行人專用道 / **2**.聖橋上看出去的景色

14:00 〜 15:00

6 日本規模最大的拜占庭建築
東京復活大聖堂
Holy Resurrection Cathedral

🌐nikolaido.org ✉東京都千代田區神田駿河台4-1-3
📞03-3295-6879 🕐參觀聖堂：4〜9月13:00〜16:00，10〜3月13:00〜15:30 💲成人￥300，中學生￥100
➡ⓜ千代田線「新御茶之水」站B1出口，步行2分鐘。ⓙ中央線、總武線「御茶之水」站聖橋口出口，步行2分鐘 ⓂＡＰP.66

1.教堂因關東大地震毀損，修復後被列為重要文化財 / **2**.十字架下的短斜槓象徵腳踏木。因為耶穌右手邊是代表悔改的盜賊，所以斜槓比較靠近耶穌

　異國宗教建築要在日本拿下文化財不容易。將東正教(又稱正教會)引入日本的俄羅斯大主教聖尼古拉以耶穌復活為名，千辛萬苦地籌錢出力，在此地蓋了復活大聖堂，於1891年完工，後世為了紀念他，因此又將教堂稱為「尼古拉堂」(日語：ニコライ堂)。教堂為拜占庭復興風格，高達38公尺的圓形穹頂代表天堂，辨識度高，看到十字架有三個斜槓就知道這兒屬於正教會。

人們在街過一座座的
舊書架中流連

刻上書本圖樣的道路護欄，
只有古書店街才見得到

世界最大的舊書街
神保町古書街
Kanda Jinbocho Koshotengai

見P.91交通對策　MAP P.92

對愛書的人來說，有書店的地方就是美景。神保町古書街有將近200家店鋪，從歷史到漫畫、江戶古籍、傳統藝曲，甚至電影相關的專書都在此占有一席之地。或許書香保佑，傳說因這些古籍文物的重要性，讓神保町躲過東京大空襲，如今名列日本香味風景百選。

∧ 低調藏身在古書街的和紙專賣店

∧ 古書們齊聚的香味風景，探索挖寶的悸動超越語言

　　初次造訪時，對於書店彷彿先說好似的一律朝北建造感到疑惑。原來朝北的好處是避免烈日曝曬引發火災，真是古人智慧。每年10月底～11月初舉辦「神田古本祭」，書迷們請寫上行事曆！

※ 神保町唯一親子繪本書店

Book House Cafe

🌐www.bookhousecafe.jp ✉東京都千代田區神田神保町2-5 ☎03-6261-6177 ⏰週一～五11:00～23:00，週末11:00～19:00 🗺P.92

　　沒有浮誇裝潢，只有數不清的藏書與精心安排的主題類別，放眼望去有別神保町其他古書店的中高齡客群，這兒有媽媽推著嬰兒車、爸爸拉著小孩一起坐在小椅子上翻著繪本。專替兒童設計的繪本咖啡廳，書店中央是咖啡區，拿著剛買的書坐在這兒閱讀很方便。2樓是專賣外文古書的「北沢書店」，想找英文書籍來這就對囉！

1邊喝邊用餘光掃著書架，想想等會看什麼好 / **2**這家書店的外觀如同內部藏書一樣琳琅滿目 / **3**繪本與周邊商品

※ 創立於1918年

矢口書店
Yaguchi Shoten

🌐yaguchi.movie.coocan.jp ✉東京都千代田區神田神保町2-5-1 ☎03-3261-5708 ⏰週一～六10:30～18:30，週日與假日11:30～17:30 🗺P.92

　　神保町西邊這一帶最亮眼的風景。雙層木造老建築與布置於店側的書牆，吸引許多人取景打卡，百年資歷不用說，路過的人都尊敬它幾分。如果對電影、傳統演藝（落語、相撲）有興趣，矢口書店可說是此類書籍專門店的始祖。

∧宛如電影場景的矢口書店，仍保存100年前甫開店的樣貌

※ 感受和紙的優雅

帶得回家的富士山

山形屋紙店
Yamagataya Kamiten

🌐www.yamagataya-kamiten.co.jp ✉東京都千代田區神田神保町2-17 ☎03-3263-0801 ⏰週一～五10:00～18:00 🈺週末與假日 🗺P.92

　　千年歷史的和紙技術不只被選為聯合國非物質文化遺產，至今仍然活用在日常生活中。和紙堅固耐用還能防蟲防水，廣泛用途也能當伴手禮。100多年來，山形屋持續提供客人來自日本各地的和紙製品，從信封、信紙、書籤、賀喜結婚的白色禮金袋、萬用卡等，都是送禮自用兩相宜。

∧忍不住讚賞這些製作摺紙藝術的人，手好巧啊

神保町にゃんこ堂
Nyankodo (姉川書店內)

🌐nyankodo.jp ✉東京都千代田區神田神保町2-2 ☎03-3263-5755 🕐週一～五10:00～21:00，週六與假日12:00～18:00 ❌週日 🗺P.92

能想像一間書店遍地堆滿著貓咪書籍嗎？店主究竟有多愛貓呢？走進書店都覺得自己宛若一隻貓。超過2,000冊的貓書，從剛出生的貓、超療癒的貓寫眞集、甚至跩貓特輯都有。不只是書，周邊生活雜貨也很多，沒打開錢包很難踏出去啊！

1.貓奴鏟屎官必來的重要景點 / 2.帶貓旅行、捕捉貓飛躍的瞬間等主題書籍，在這裡都找得到 / 3.書店內看得到的所有書與飾品都是貓

三省堂書店
Sanseido Shoten

🌐www.books-sanseido.co.jp/shop/kanda ✉東京都千代田區神田神保町1-1 ☎03-3233-3312 🕐每日10:00～20:00 ❌1/1 🗺P.92

同樣是百年老店，店名引用自《論語》「吾日三省吾身」，而位在神保町的這家就是總店，也是神田神保町規模最大的書店。日劇《重版出來》正是在此取景。

1.三省堂大樓的外觀 / 2.神保町的七福神雕像

日劇 🔍 放大鏡

重版出來

以出版社漫畫編輯部為舞台的日劇，描繪新人編輯為了支持有心出道的菜鳥漫畫家，與業務、宣傳、印刷、美編，甚至是書店通力合作的熱血故事。「就算賣的是書本，但別忘記販售對象是活生生的人！」記憶猶新，面臨著出版社營業額下降、漫畫家引退、甚至停刊危機，主角如何力挽狂瀾的答案就在劇中。非常好看，不愧有2016年神劇之稱。

Goal 17:31 ~ 19:00

[8] 融合法式溫和與印度辛辣
歐風カレー ボンディ
Ofu Karei Bondy

http bondy.co.jp ✉東京都千代田區神田神保町2-1(神田古書中心2樓，入口在後門) ☎03-3234-2080 ◎每日11:00～22:00 $￥1,500起 ➡回半藏門線「神保町」站，步行1分鐘 ⊙P.92

結合法式醬汁與印度香料的獨門歐印風味咖哩，使用大量乳製品、蘋果、洋蔥等蔬菜與奶油，長時間拌炒出的甜味精華。前菜是非常鬆軟的北海道帶皮馬鈴薯搭配奶油。咖哩辣度有甘口(不辣)、中辛(小辣)、辛口(大辣)，請量力而為。餐廳裝潢走懷舊洋式設計。1973年營業至今，人潮依舊。

1.餐廳位在2樓，直接在樓梯口排隊最明智 / 2.鬆軟的北海道帶皮馬鈴薯搭配奶油 / 3.鮮蝦咖哩的蝦仁飽滿鮮甜，搭配桌上的配菜辣韭(らっきょう)或福神漬，帶出咖哩不同風味

其他推薦
日本維也納咖啡起源

昭和文人雅士愛店
ラドリオ LADRIO

http ppt.cc/f3W5nx ✉東京都千代田區神田神保町1-3 ☎03-3295-4788 ◎週一～五11:30～22:30，週末12:00～19:00 ➡回半藏門線「神保町」站A7出口，步行1分鐘 ⊙P.92

開設於1949年，是日本最早販售維也納咖啡的店。店名Ladrio取自西班牙文「煉瓦」之意，與紅磚建築相呼應，內部宛如歐式家庭酒吧，是昭和文藝作家取汲靈感的流連忘返之所。店內氣氛熱絡，裝潢多為木製家具，架上圖書包羅萬象，光是身在其中已文青上身。隔著冰涼厚實的鮮奶油啜飲燙口熱咖啡，滑潤帶甘苦，人生啊！

1.如果怕苦，可以選香甜好喝的維也納熱奶茶 / 2.維也納咖啡的關鍵就是不攪拌直接小口喝 / 3.最初是被店門口的布置設計給吸引

よろこそ豊洲市場へ
Welcome to Toyosu Market

約40.7ha

23.1ha

豊洲市場開場 平成30（2018）年10月11日
Opening Date for Toyosu

漁場的時光隧道，東京灣新玩法。

豊洲。台場。佃島。月島

toyosu, odaiba, tsukuda, tsukishima

　　　往日本最大漁市——「豊洲市場」，與各式海鮮乾貨來個早午餐約會，再來一場見學體驗，向日本人學習隨者李即吃思。敢俊搭車到東京灣最大填海造陸的人工島「台場」，這裡有全球十大藝術展之一的「teamLab Borderless 數位美術館」，是少數大人玩得比小孩瘋狂的遊樂園。接著坐車到日之出碼頭，搭乘「東京灣交響樂號郵輪」，來趟下午茶巡航，把無死角的東京灣全景收進相機裡。返回碼頭搭車到「佃島和月島」，從佃煮發祥地佃島開始，臺灣有媽祖保佑海上作業，東京則有住吉三神。佃島這一區散發的恬靜生活感讓人舒心，晚餐當然要以十足關東風味的月島文字燒，替今天的東京灣行程畫下美味的句點。

漁場的時光隧道，
東京灣新玩法。

圖片提供/許志忠

09:00
~
12:00

Start

① 豐洲市場

🚉 在「市場前」站搭乘百合海鷗號於「青海」站下車，穿越MEGA WEB往摩天輪方向走5分鐘

12:20
~
14:20

② teamLab Borderless
數位美術館

🚉 在「青海」站搭乘百合海鷗號於「日之出」站下車

14:40
~
16:00

③ 東京灣交響樂號郵輪

🚉 「山芝山」站搭百合海鷗號，於「汐留」站轉都營地下鐵大江戶線至「月島」站下車沿清澄通到底右轉過橋，第一個路口右轉

16:35
~
16:55

④ 住吉神社

🚶 出神社走到底左轉第一個路口，步行2分鐘

16:57
~
17:17

⑤ 佃煮天安

🚶 往「月島」站方向，於西仲通的下一條馬路右轉直走，約13分鐘

17:30
~
19:00

⑥ 近どう

Goal

一日花費 交通未計幣值日圓含稅		
とんかつ小田保		850
teamLab Borderless		3,200
東京灣交響樂號郵輪		1,600
佃煮天安		700
近どう		850
Total		7,200

交通對策

　　抵達豐洲市場有兩種建議方式，搭**東京地下鐵有樂町線**到「豐洲」站轉**百合海鷗號**在「市場前」站下車，或是從「新橋」站搭**都營巴士市01公車**在「豐洲市場」站下車。

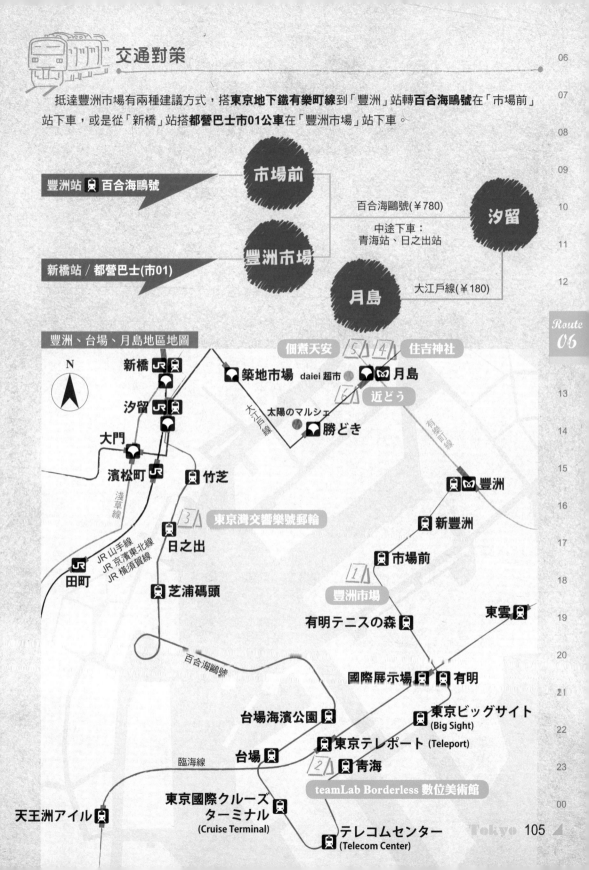

豐洲站 🚃 百合海鷗號

市場前

百合海鷗號(￥780)

中途下車：
青海站、日之出站

汐留

豐洲市場

新橋站 / 都營巴士(市01)

月島

大江戶線(￥180)

豐洲、台場、月島地區地圖

佃煮天安　5　4　住吉神社

新橋 🚃JR

築地市場　daiei 超市　🚃 月島

汐留 🚃JR

大江戸線

6　近どう

大門

太陽のマルシェ

濱松町 JR

🚃 勝どき

淺草線

🚃 竹芝

🚃 豐洲

3　東京灣交響樂號郵輪

🚃 新豐洲

🚃 日之出

🚃 市場前

JR 山手線
JR 京濱東北線
JR 横須賀線

1

田町

豐洲市場

🚃 芝浦碼頭

🚃 東雲

有明テニスの森 🚃

百合海鷗號

國際展示場 🚃 🚃 有明

台場海濱公園 🚃

🚃 東京ビッグサイト
(Big Sight)

🚃 東京テレポート (Teleport)

台場 🚃

臨海線

2　🚃 青海

teamLab Borderless 數位美術館

天王洲アイル 🚃

東京國際クルーズ
ターミナル
(Cruise Terminal)

テレコムセンター
(Telecom Center)

豐洲

自從築地場內市場搬遷至豐洲市場，外觀內裝徹底變身，面積是過去的1.7倍，也新增太陽能照明、更換空調系統，並加強綠化設施。不只在市場內進行一條龍加工包裝，亦結合零售店與超商，還規畫了富教育意義的生鮮蔬果參觀路線，非常全方位。

09:00 ～ 12:00

從見學走廊可參觀市場批發買賣

1 東京最大漁獲批發市場
豐洲市場
Toyosu Market

吉祥物「市場の妖精」

http www.toyosu-market.or.jp ✉東京都江東區豐洲6-3-1 ☎03-3520-8211 ⏰05:00～17:00 休週日、假日與休市日。各店鋪實際休息時間依官網為主 🚃百合海鷗號「市場前」站，步行5分鐘 MAP P.105

築地市場經歷400年，因應時代轉型，搬遷至豐洲，繼續擔任東京廚房的大任。豐洲市場系統化地依照食品種類與功能分成三個區域，採買及用餐集中在「水產仲介批發賣場樓棟」。「果蔬樓棟」與「管理樓棟」亦有餐廳進駐。

「果蔬樓棟」以批發海內外蔬果交易為主，從見學參觀台直接看見賣場內蔬果，十分有趣，既能一目了然，又不會干擾到場內作業。「水產仲介批發賣場樓棟」是魚鋪與壽司店來採購海鮮的場所，清晨來「水產批發賣場樓棟」的見學區域，可近距離觀摩鮪魚拍賣。

豐洲市場場內地圖

水產仲介批發賣場樓棟
(水産仲卸売場棟)
- 3 樓：センリ軒、壽司大、大江戸、とんかつ小田保等
- 4 樓：魚がし横丁

加工包裝棟

見學走廊

🚉 **市場前**　　百合海鷗號

水產批發賣場樓棟
(水産卸売場棟)
- 鮪魚競標參觀

管理樓棟
(管理施設棟)
- 八千代
- 茂助
- やじ満

果蔬樓棟
(青果棟)
- 天房
- 大和壽司

1 豐洲市場俯視圖真是壯觀(圖片提供/東京都中央卸売市場) / **2** 從市場走廊往外看 / **3** 中午過後開始降價的熟食便當，烤焦很便宜 / **4** 豐洲市場入場紀念章 / **5** 現在想來豐洲吃美食，不用在豔陽下排隊 / **6** 不論哪一棟都有得吃 / **7** 市場屋頂的綠化設施

豆知識
請問築地市場還在嗎？
築地場外市場仍火熱營業中。想追求市場內響亮吆喝聲、感受在地生命力的話，中午前去築地市場找新鮮吧！

※ 市場人最愛的食堂
とんかつ小田保
Tonkatsu Odayasu

✉水產仲卸売場棟 3樓 📞03-6633-0182
🕐週一～六05:30～15:00 休週日、假日 💲￥850起

　　至少80年以上歷史的餐廳，從居酒屋起家轉型販賣洋食炸物，餐點除了人氣炸豬排，亦有各式漁獲海鮮，不論炸牡蠣或綜合生魚片都是店家自信之作。不愧是市場，每日限定的海鮮丼價格只要鄰近店家的一半，美味卻不減半。覺得定食分量太多嗎？單點小菜很可以。擔心吃不飽？白飯免費續碗，不怕。

1.不斷有市場工作人員拉開小田保的暖簾，臉上掛著滿足 / **2.**每日限量的小田保海鮮丼跟炸豬排一樣讓人驚喜 / **3.**炸物三拼，炸蝦肥美又酥脆，每吃一口都不覺得罪惡，必點濃郁又鮮美的蟹肉奶油可樂餅

※ 人情味喫茶店
センリ軒
Senriken

雞蛋香濃郁的自製布丁

✉水產仲卸売場棟 3樓 📞03-6633-0050
🕐04:00～13:00 休不定休 💲￥300起

　　創業百年的喫茶老店，從築地市場前身的日本橋魚市場就存在，是市場人員工作空檔、下班後慰勞心靈的美食。不管是點心、正餐或單純一杯咖啡，拉開椅子坐下來閒話家常一番的輕鬆步調，讓人難想像要是店家歇業了怎麼辦。奶油燉菜、咖啡牛奶、炸豬排三明治、手工布丁，多數餐點皆可外帶。來市場別忘記到這歇個腳，再出發！

1守護市場工作人員背後的老牌洋食館，冰淇淋是老板研發的新傑作喔 / **2**咖啡牛奶的厚重香醇，至今仍懷念再三，搭配草莓果醬烤奶油吐司，美味難以抗拒

※ 免曬太陽，盡情遊逛
魚がし横丁
Uogashi Yokocho

✉水產仲卸売場棟 4樓 🕐同豐洲市場

　　魚がし横丁（魚河岸横丁）有約70間店鋪進駐，茶葉、海苔、玉子燒、日用雜貨等，商品種類繁多。推薦海苔專賣店的青海苔粉，以及茶葉店賣的日本製海苔。

1.賣醃菜的小店 / **2.**小店多得讓人逛到頭暈，好在店家格局方正，跟著指標走就不會迷路

台場

從江戶時代開始發展的台場，原是一座具有防禦功能的島，20世紀末起，島嶼轉型變成負責大家工作與玩樂吃喝的地方，從商業大樓到生活住宅應有盡有。現在東京熱門的夢幻景點teamLab就在此，而2020年東京奧運的水上運動、鐵人三項也在台場海濱公園舉行。

12:20 ～ 14:20

本頁圖片提供 / teamLab, Exhibition view, MORI Building DIGITAL ART MUSEUM: teamLab Borderless, 2018, Odaiba, Tokyo © teamLab

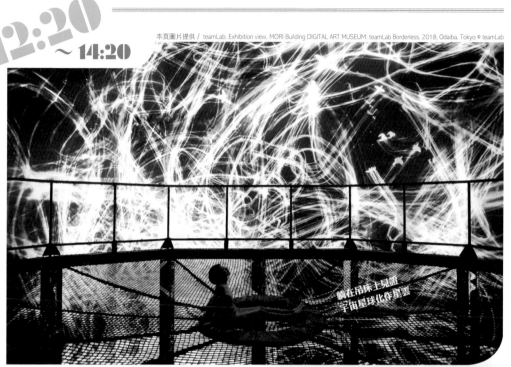

躺在吊床上見證宇宙星球化作雲雲

世界首間teamLab美術館

teamLab Borderless
數位美術館

teamLab Borderless Digital Art Museum

🌐borderless.teamlab.art 📧東京都江東區青海1-3-8 (台場Palette Town 2樓) 📞03-6368-4292 🕙10:00～19:00，假日至21:00。閉館前1小時為最後入場。開放時間可能因季節而異 ❌每月第二、四個週二，但請依官網「Visit Us」公告為準 💰15歲以上￥3,200。事先上官網購票，入場當天會收到電子入場券，可省現場買票時間 ➡️🚃百合海鷗號「青海」站北口，步行5分鐘 🗺️P.105

人穿暗色系或黑色衣服，拍照起來比較好看

在無可捉模的光影與色彩中，無限延伸心中想像。teamLab團隊運用520台電腦和470台投影機，在占地約1.2個足球場的空間上打造5座無邊界世界。酷炫兩字不足以形容樂在其中的心動感受，藉著teamLab的作品，打破沉悶的生活框架，許自己一個同teamLab作品般精彩絢爛的願望，永無止息。

有光的地方就有影，以無邊界（borderless）為主軸，將「人」構成作品中的一部分，沉浸

| teamLab | 這 | 樣 | 玩 |

Check 1 玩樂點與拍照點

　　入場後沒有特定遊玩順序，完全憑靠直覺前進。場內區分為玩樂點與拍照點，大多數玩樂點需要依照工作人員指示排隊，部分作品有進場人數限制，拍照點停留時間就見仁見智。在漆黑且充滿鏡子的展區裡，迷失是很正常的，直接請工作人員指路最快。畢竟在teamLab，放下理性大腦，靠直覺與對空間的信任，放開一切盡情玩耍才是要點。

Check 2 場區重點攻略

　　如果想縮短排隊時間，入場後可以先衝容易大排長龍的「呼應燈森林」與「浮游的網巢」。接著去「運動森林」玩3D攀岩，到「Borderless World」拍瀑布，留心腳下的四季變換。在「未來遊樂園」彩繪水族館大展身手，別錯過旁邊巨型溜滑梯，感受瞬間咻咻風速，讓心跳聲噗通噗通實在刺激。最後在「EN TEA HOUSE」自費點杯茶，沉澱方才所有五感震撼。

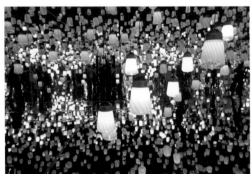

1.感應人與人距離的呼應燈森林，一閃一滅的共振色彩 / 2.茶室EN TEA HOUSE，茶資另計。在茶碗裡看見無限綻放的花朵世界，每個茶碗裡的花朵都不一樣 / 3.在高山低谷裡與蝴蝶、鱷魚等生物互動，觸手可及的生命力。跟工作人員索取畫紙，拿起蠟筆塗鴉你的想像力吧！你獨創的作品將會被投影在這裡與大家分享唷

(2.3圖片提供／teamLab, Exhibition view, MORI Building DIGITAL ART MUSEUM: teamLab Borderless, 2018, Odaiba, Tokyo © teamLab)

14:40 〜 16:00

遊玩鐵則

務必在航班出發前
20分鐘報到！

沐浴陽光下，
在專拍大片的海上旅行

3 暢遊東京灣，遠眺摩登的娛樂島

東京灣交響樂號郵輪

Symphony Cruise

1.日之出碼頭購票處，恰好遇到優美的豎琴表演 / 2.日之出碼頭乘船處 / 3.彩虹大橋是日劇場景中的常客

🌐www.symphony-cruise.co.jp ✉東京都港區海岸2-7-104 ☎客服電話03-3798-8101，每日10:00〜19:30 🕐日之出站班次11:50、15:00、16:20、19:00 🚋百合海鷗號「日之出」站東口，步行1分鐘 🗺P.105

從日之出碼頭出發，在交響樂號下午茶巡遊時段，欣賞東京灣全景，東京鐵塔、晴空塔，以及東京橋梁的象徵「彩虹大橋」等經典地標通通一網打盡。乘船穿過彩虹大橋，沿著品川碼頭航行 回眸就是約會聖地台場海濱公園；留意天空，或許還能看到東京國際空港羽田機場的飛機起降！環遊東京灣在海上跟日常的紛擾說掰掰，與親友們一起開個歡樂派對！如果沒時間好好逛台場，搭郵輪一次看個夠絕對是明智選擇。

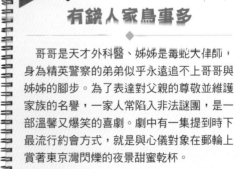

日劇 🔍 放大鏡

有錢人家鳥事多

哥哥是天才外科醫、姊姊是毒蛇大律師，身為精英警察的弟弟似乎永遠追不上哥哥與姊姊的腳步。為了表達對父親的尊敬並維護家族的名譽，一家人常陷入非法謎團，是一部溫馨又爆笑的喜劇。劇中有一集提到時下最流行約會方式，就是與心儀對象在郵輪上賞著東京灣閃爍的夜景甜蜜乾杯。

佃島&月島

佃島與月島雖然都叫島，其實是同一塊島上的隔壁鄰居。差別在佃島歷史悠久，從德川家康帶漁夫過來江戶打拚，就以漁夫家鄉大阪府「佃村」命名此地為佃島。由於幸運躲過天災人禍，至今仍見不少古舊住宅，沒有庭院的小巷長屋形成獨特街景。明治時期東京灣進行填海工程，月島應運而生，因為能在東京灣這一帶賞月，取名為「月島」。由於地理位置靠近銀座又緊鄰築地市場，月島亦有「東京最後下町」的美名。我很喜歡月島與佃島的平民風情，簡樸，能細細感受生活氣息。

16:35 ~ 16:55

鳥居上有一個81公分長的陶製匾額，是明治時代的皇族親筆題字

4 供奉日本航海守護神
住吉神社
Sumiyoshi Jinja

1.即便是木雕獅子也帶著兇狠的霸氣 / 2.保佑海上安全和航海安全的住吉神社，木雕上的海上故事 / 3.紅色的佃小橋

http www.sumiyoshijinja.or.jp ✉東京都中央區佃1-1-14
☎03-3531-3500 🕐每日24小時 🚃大江戶線「月島」站6號出口，步行5分鐘 MAP P.105

住吉神社規模小又，靜悄悄地格外神聖。臺灣海神有媽祖，日本航海守護神就在這裡。位在港口附近的住吉神社供奉掌管大海的住吉三神、日本歷史上戰鬥力最強的奇女子神宮皇后與德川家康。在這370多年的光陰，不只是居民的精神支柱，更是佃島信仰中心。每三年會在8月上旬舉辦大型例祭，又稱「佃祭」，屆時八角神轎不只在陸地，還會搭船到海上出巡。

16:57
~17:17

つく佃だに
うなぎ
百グラム2670円

つく佃だに
たらこ
百グラム1230円

つく佃だに
しょうが
百グラム550円

和風昆布口味的佃煮，
甜鹹滋味也下酒

つく佃だに
いかあられ
百グラム780円

つく佃だに
あさり
百グラム

つく佃だに
つお角煮
ラム720円

/5/ 用時間與慢火熬成的古人智慧
佃煮天安
Tsukudani Tenyasu

🌐www.tenyasu.jp ✉東京都中央區佃1-3-14 ☎03-3531-3457 🕐平日09:00～18:00。1/2～1/7至15:00 🚫12/31、1/1與1月的其中3日公休 🚇大江戶線「月島」站6號出口，步行5分鐘 🗺P.105

佃煮是利用當地捕獲的蝦、鰻魚、蛤蜊或海藻等海產，小火細心熬煮，煮到骨頭酥掉直接食用的一種料理方式，雖然現在日本各地都找得到這種小菜，但因起源地就在佃島，故自然稱為佃煮。如果要找懷舊滋味，就到開店已超過180年的天安來吧。最早在江戶時代只用鹽巴調味，隨後醬油普及才開始加入醬油、味酥熬煮。佃煮包裝有禮盒或是散裝，不論買回家當配飯小菜、下酒菜，或是致贈親友也有面子，連在味噌湯內加入少許佃煮也意外好喝。附近還有另外兩家佃煮老店，分別是江戶時期創立至今的「田中屋」與「丸久」。

∧昭和初期的木造建築與遮陽的暖簾

豆知識

佃煮

佃煮由來眾說紛紜，普遍的說法起源於江戶時代，漁民們為了避免遇上惡劣天氣無法打魚時所準備的囤糧。當時沒有冰箱，先人運用智慧以糖、鹽巴、醬油等材料，將貝類、小魚、海藻等做成便於保存的常溫小菜，因而逐漸風行。別看菜肴黑漆漆的很神祕，這可是古時大名與武士返鄉時的熱門伴手禮呢。

遊玩鐵則

抵達月島，先去月島もんじゃ振興会協同組合(地址：東京都中央區月島1-8-1)買文字燒折價券(￥1,000可折抵￥1,100)。

不與時代妥協的懷舊口味
「昔なつかしもんじゃ」

6A 作伙一起吃，感情更黏著

近どう 本店

Kondou

✉東京都中央區月島3-12-10 ☎03-3533-4555(兩人以上可電話預約) ⏱平日17:00～22:00。週末假日11:30～22:00 ㉠12/31、1/1 ➡大江戶線「月島」站10號出口，步行3分鐘 MAP P.105

1950年至今，以守護當初開店的味道自豪。不只能吃到櫻花蝦堆得跟小山高的懷舊口味，亦有許多後來研發的新口味，例如明太子起司、豬肉泡菜，或飯後甜點和風可麗餅。文字燒最迷人之處就是香脆的鍋巴與濃稠的餡料，邊聊天邊用小鏟子挖來吃，不時喊「好燙！」

1.文字燒近どう本店店門口／2.店內有許多早期照片與名人的足跡／3.有蝦、章魚、炒麵、玉米等，這是店內自豪的招牌口味「近どうもんじゃ」／4.鏟子是吃東京文字燒必備小道具

豆知識

文字燒

　　關東地區特色小吃，適合聚餐聊天當點心。用文字燒專門鏟子小口小口吃小份量用，記得在鐵板上先壓一下麵糊再吃。黏糊糊的鹹香滋味，與做成餅狀的關西大阪燒完全不同。最早的文字燒是戰後給小孩的零食，把調製好的麵糊澆在鐵板上烤來吃，也沒什麼配料，如今倒是豐富多了。

同場加映 順遊 月島

太陽のマルシェ

Taiyo No Marché

紅蘿蔔蜂蜜果汁，連小孩都吵著要買

http timealive.jp/#Marche ✉ 東京都中央區勝どき1-9-8，月島第二兒童公園 ⏰ 每月第二週六、週日10:00～16:00(4～9月延至17:00) 🚇 大江戶線「勝どき」A4a出口，步行1分鐘 MAP P.105

　　太陽市集將日本各地的新鮮貨齊聚一堂，無論是關東、東北、九州，甚至四國等地的農產、園藝植物、烘焙點心、果醬、味噌等均從產地直送東京，樣多味鮮。邊逛邊吃邊喝，還可見山梨產葡萄酒、長野縣甘酒、栃木縣清酒大吟釀……連酒類產品也多到難以抉擇！

　　如果在東京可以自炊，請別錯過栃木縣Watanabe Farm雞蛋。吃海藻、野艾蒿和椰子油等飼料產下的雞蛋，蛋黃色澤飽滿厚實，蛋白濃稠度遠勝一般市售雞蛋。生食或加熱吃都讓人印象深刻。此外，市集內設置了胖卡小巴餐車區，將近10種燒烤輕食飲品任你選擇，絕對不會餓到。

Route 06

1.市集中最難排隊的就是來自栃木縣的生食雞蛋 / 2.對會下廚的人來說，逛市集特別令人興奮 / 3.Tiny Ponta Coffee以咖啡侍酒師資格為傲，任何咖啡相關問題放馬過來 / 4.胖卡小巴餐車的泰式烤肉，不論雞腿或豬里肌都好吃到翻，老蝦連吃兩份 / 5.太陽市集最棒的就是可以吃到當下盛產的美味 / 6.市集不只是便利了日本的農作直賣，也帶動農村活化 / 7.葡萄產區山梨甲府的百年酒莊SODAYA也在太陽市集現身

點綴理想生活，雜貨與甜點朝聖之旅。

等等力。自由之丘。中目黑
todoroki、jiyugaoka、naka-meguro

傳說中的甜點雜貨天堂，早餐就從甜點教父河田勝彥的原點開始，吃完早餐別忘了買個甜點或鹹派路上解饞，幸運的話還可以搶到日本人氣甜點郵票上的可麗露！走過世田谷住宅區，欣賞這一帶的街景；抵達「等等力溪谷公園」，沿著東京 23 區裡的唯一溪谷前進，忘卻都市噪音，沉浸在蟲鳴鳥叫與潺潺溪水聲中。搭電車揮別溪谷來到「自由之丘」，從車站開始穿街走巷逐一探索。哪一家甜點最好吃？明明不像法國，為何街名要用法國雜誌命名？宛如甜點與各種生活雜貨的激戰區，驚喜連連的氛圍在東京獨一無二，老蝦也扛了不少東西回家。最後來到以文藝氣息著名的中目黑，日本第一間「星巴克旗艦店」就在目黑川河畔，就在此享受入夜後的悠閒時光吧。

Route 07 行程計畫

點綴理想生活，
雜貨與甜點朝聖之旅。

09:00～09:50

Start

1 Au Bon Vieux Temps

沿著環八通左轉目黑通，走10分鐘

10:00～11:30

2 等等力溪谷公園

在「等等力」站搭乘東急大井町線於「自由之丘」站北出口出站，往北走至自由通繼續往前

11:45～13:15

3 星火

山底門口右轉，沿著自由通往南走

13:15～17:35

4 自由之丘周邊

在「自由之丘」站搭乘東急東橫線至「中目黑」站下車，沿著山手通走13分鐘(也可沿著目黑川走)

18:00～19:30

5 うどん豊前房

穿越山手通往目黑川，走3分鐘

19:33～21:00

6 Starbucks Reserve® Roastery

Goal

一日 花費	Au Bon Vieux Temps	210
	星火	1,380
交通未計 幣值日圓 含稅	うどん 豊前房	1,026
	Starbucks Reserve® Roastery	1,020
	Total	3,636

交通對策

自由之丘、等等力與中目黑都坐落在**東急電鐵**上，從東京市區出發的話，選擇在「澀谷」站轉車最方便。別忘了購買「東急三角區域一日券(東急線トライアングルエリア)」，這時候使用最適合，在「自由之丘、澀谷與二子玉川」構成的三角區域，無限次數搭乘的一日券只要¥400，很划算。

| JR 山手線 |
| 副都心線 |
| 半藏門線 |
| 銀座線 |

**東急三角區域
一日券 ¥400**

二子玉川

澀谷

等等力

尾山台

中目黑

自由之丘

東急田園都市線

東急大井町線

東急東橫線

等等力・自由之丘相關位置圖

N

星火

往中目黑

自由通

等等力

等等力溪谷公園

尾山台

東急大井町線

等等力通

駒八通

學園通

自由之丘

自由之丘周邊

九品佛

Happy Road Oyamadai

東急東橫線

環八通

目黑通

Au Bon Vieux Temps

九品佛商店街

←往公園入口

09:00 ～ 09:50

站在甜點櫃前的猶豫
也是一種奢華吧

Marjolaine マルジョレーヌ	Beaux Temps ボー タン	Tarte d'amour タルト ダムール	Ali-Baba アリ・ババ	Zéphyr ゼ フィール
¥450	¥480	¥450	¥380	¥6..

1 日本甜點教父的原點
Au Bon Vieux Temps

http aubonvieuxtemps.jp ✉ 東京都世田谷區等々力2-1-3
☎ 03-3703-8428 🕐 09:00～18:00 休 週二～三 🚇 東
急大井町線「尾山台」站出口左轉，沿著Happy Road
Oyamadai到終點右轉，步行7分鐘 MAP P.119

　東京出身的甜點職人河田勝彥，將法國的
美味糕點帶回日本，選擇清靜悠哉的世田谷
開設Au Bon Vieux Temps，已經營超過35個年
頭，自由之丘甜點職人辻口博啓也曾在這家店
修行。蛋糕、千層酥、馬卡龍、巧克力、瑪德
蓮、杏仁脆餅等品項眾多，還有需要帶點好運
才買得到的可麗露，焦脆的外殼，內裡柔軟帶
點嚼勁，口中散發的酒香與香草味和諧高雅，
令人難忘。鹹點則以法國傳統為基礎，火腿、

1 這焦褐色的可麗露是河田勝彥歷經無數次..小心...的配
..的..比例，也是登上日本甜點郵票之一的美食／**2** 店名的
法文意思是昔日美好時光，一開店就湧入來自各地的甜點粉
絲／**3** 店內猶如迷你法國甜點博物館，拐個彎就是酒吧

鹹派、下酒菜等，更是包羅萬象。踏進去後，
沒在酒吧吃個一回不算有來過。

10:00 ～ 11:30

溪流清澈的程度與
花蓮慕谷慕魚有得比

2 東京23區唯一天然溪谷
等等力溪谷公園
Todoroki Keikoku Koen

✉東京都世田谷區等々力1-22 ●🚃東急大井町線「等
等力」站，出口左轉步行3分鐘 ⓂP.119、122

　　為了追尋東京都指定名勝，來到距離自由之
丘三個車站的等等力。相較自由之丘的繁華便
利，等等力地區日常生活感濃厚、觀光客少，
很難想像自己就在東京。

　　從等等力不動尊寺院進入溪谷，沿著谷澤
川河邊散步，潺潺流水聲、空氣清新，樹蔭芬

1.圍繞著會防建築打造的日式庭園，遊逛曬個太陽還不錯 / 2.
樹縫間穿透出的陽光映照在溪流上，忍不住放慢腳步 / 3.這小水
要煮沸才可以喝

密，十分涼快不說，簡直是東京世外桃源。逛
完整段溪谷約60分鐘左右。因為地形與湧水，
這兒生態植被非常豐富，清水中有小魚悠游，
甚至還能找到蝌蚪。據說因為不動瀑布轟隆隆
的水聲，讓此地得名「等等力」。現在瀑布除
了修行人士方可入內之外，已不對外開放。

Check 1 等等力不動尊

這裡是關東三十六不動靈場之一，自古以來就是重要的修行地。本尊是不動明王，日本人不單只來朝聖，這裡也是春天賞櫻花、夏天享翠綠、秋天追紅葉的名勝。

∧不動靈場的入口

Check 2 雪月花

位於等等力不動尊寺院旁的茶屋，旁邊就是不動瀑布，可以一邊聆聽涓涓水聲稍作休息。招牌點心是關東獨特滑溜溜葛餅，配著黃豆粉與黑蜜，腿痠不翼而飛了。

>雪月花葛餅走的是正統關東風格

Check 3 高爾夫橋

鮮紅色的橋十分顯眼。因為早期橋的另一頭是高爾夫球場入口，因而得此名，現在是溪谷內的醒目地標。

∧萬綠中一點紅的高爾夫橋

∧雪月花旁的稻荷大明神

∧稻荷大明神參拜前洗手處

等等力溪谷公園地圖

日本庭園　　玉澤橋

稚兒大師堂　　等等力溪谷三號橫穴

雪月花　　不動瀑布

展望台　　等等力不動尊

高爾夫橋

東急大井町線

谷澤川

用賀中町通

環八通

等等力

N　　公園入口

目黑通

御岳山古墳

目黑通

自由之丘

深受女子們喜愛、散發獨行風氣的時尚小鎮，彷彿有個自由靈魂常駐此地。百年前從歐洲歸來的日本藝術家深根此地，教育家手塚岸衛在此開辦自由之丘學園、舞蹈家石井漠設立自由之丘舞蹈教室。1933年正式從碑衾(發音：くーヶ)町改名自由之丘，多了點理想之地的意味。

九品佛川綠道：現在看到方便行人休息的長凳們，是自由之丘南口商店街工作人員為對抗自行車胡亂停放想出來的妙招。

瑪麗克雷爾街(Marie Claire Street)：慶祝法國時尚雜誌《美麗佳人》(Marie Claire)日文版在1982年創刊，由於日法關係本來就不錯，加上法國元首訪日，為加強地區識別，在法國大使館協力之下，瑪麗克雷爾街就此誕生。

06
07
星火
08
自由通
09
10
自由が丘ロール屋
11
綠小通
12

Route
07

龜屋万年堂
総本店

13
14
私の部屋
15
TODAY'S SPECIAL
16
ポパイカメラ
17
モンブラン
18
19
瑪麗克雷爾街
20
白由之丘
九品佛川綠道
21
自由通
22
カタカナ
23
00

東急東橫線

學園通

∧九品佛川綠道是路人休息片刻的小天地

自由之丘周邊

東急大井町線

學園通

∧瑪麗克雷爾街

N

「匠の大山雞鍋」選用的雞
是鳥取縣的銘柄雞

3 一人也能輕鬆吃鍋

星火
Seika

🌐www.seika-firemark.com ✉東京都目黑區自由が
丘1-21-4 ☎03-6421-4328 🕐11:30～14:30，18:00
～23:30 💲約¥1,380起 🚉東急東橫線「自由之丘」
站北口，步行10分鐘 🗺P.119、123

只用當季盛產的食材與有機野菜，一個人
也能好好吃飯的和食料理店。如果能坐吧檯用
餐，就不要選個室。從吧檯上看著師傅熟練地
處理生鮮食材、從熬湯到擺盤，流暢的動作與

1.低調的店家星火 / 2.神威豚の出汁しゃぶ，附上店家特製的
胡麻沾醬 / 3.不吃牛的人，也能在星火找到美味選擇

一絲不苟的神情，宛若一場藝術秀。老蝦尤其
喜愛來自北海道的高級神威豚涮涮鍋，沾醬分
別是胡麻醬與店家自製柚子醋，堪比上好牛肉
的神威豚肉片好好吃啊！

[4] 自由之丘周邊
Jiyugaoka Area

※生乳卷專賣店

自由が丘ロール屋
Jiyugaoka Roruya

🌐www.jiyugaoka-rollya.jp ✉東京都目黑區自由が丘
1-23-2 ☎03-3725-3055 🕐11:00～19:00 🈺週三與每月
第三個週二。另有其他休店日，請見官網 ➡東急東
横線「自由之丘」站正面口，步行8分鐘 🗺P.123

　由獲獎無數的日本甜點大師辻口博啓創立的
生乳卷專門店，以巧克力、抹茶、香蕉巧克力
等各式口味的生乳卷為主題，每天現烤的海綿
蛋糕，配上當季特選水果，沒有華麗花俏的裝
飾，但依然讓人吃在嘴裡、甜在心裡。將自由
之丘冠上甜點王國之名，實乃當之無愧。

1.自由が丘ロール屋店鋪約只能容納3人左右 / 2.光挑個生乳
卷就散發幸福氛圍啊

原味卡士達餡
生乳卷，吃到最
後一口都不膩

香濃苦甜的抹茶
生乳卷，不是抹茶
控也會愛上它

亀屋万年堂 総本店
Kameya Mannendo

🌐www.navona.co.jp ✉東京都目黑區自由が丘1-15-12
📞03-3717-0400 🕐每日09:30～19:30 🚃東急東橫線
「自由之丘」站正面口，步行6分鐘 🗺P.123

走過80年頭的亀屋万年堂發跡於自由之丘，是在地人都知道的甜點老舖，只有東京跟神奈川才有設店。人氣商品是外觀很像迷你銅鑼燒的ナボナ（NAVONA）。NAVONA字來自義大利羅馬的納沃納廣場（Piazza Navona），細緻的奶油與大量蛋白酥皮帶出蓬鬆蛋糕口感，結合西式與日式甜食的新食感，一推出就大受好評，也是臺灣旅日棒球教練王貞治喜愛的甜點。

ナボナ有原味、乳酪、鳳梨與季節限定口味

1.亀屋万年堂不只賣ナボナ，也有日式傳統點心 / 2.冷凍過後的ナボナ吃起來好像冰淇淋銅鑼燒

モンブラン
MONT-BLANC®

不愛甜點的我也能自己嗑掉一顆蒙布朗

🌐mont-blanc.jp ✉東京都目黑區自由が丘1-29-3 📞03-3723-1181 🕐10:00～19:00 🚫不定休 🚃東急東橫線「自由之丘」站正面口，步行2分鐘 🗺P.123

開業超過85年的MONT-BLANC®，是日本蒙布朗栗子蛋糕的創始店。因熱衷登山的創辦人在歐洲白朗峰得到靈感，蒙布朗順勢誕生，帶動日本西點風潮。美麗鵝黃色的栗子餡來自愛媛縣產的栗子，配上有模有樣的積線，頂端的蛋白霜象徵著白雪，像不像白朗峰？

1.甜點愛好者必訪之地MONT-BLANC® / 2.手工焦糖布丁裡，浸著香甜鬆軟焦糖的海綿蛋糕

❊❊ 自由之丘雜貨風潮領頭羊

私の部屋
Watashi No Heya

🌐 www.watashinoheya.co.jp
✉ 東京都目黑區自由が丘1-24-17
📞 03-3724-8053 🕐 11:00～19:30 ㊡ 不定休 ➡🚉 東急
東橫線「自由之丘」站正面口，步行4分鐘 📍 P.123

在自由之丘唯一與甜點齊名的就是雜貨！
奠定自由之丘雜貨文化基礎的店得回溯至1982
年，身為法國文學翻譯家的第一代店長創辦的
雜誌正是《私の部屋》。以獨居女孩新生活提
案為主題，引入歐美裝飾靈感，注入時代潮
流。為了讓大家方便買到雜誌上的雜貨，因而
開立此店。

1. 還沒踏進店內，就已經燃起想逛的念頭 / **2.** 帽子可以現場試
戴，亦能網購

❊❊ 今天的生活自己打造

TODAY'S SPECIAL

🌐 www.todaysspecial.jp ✉ 東京都目黑區自由が丘
2-17-8 📞 03-5729-7131 🕐 每日11:00～21:00 ➡🚉 東
急東橫線「自由之丘」站正面口，步行4分鐘
📍 P.123

同樣都是雜貨，比起吉祥寺、下北澤，走歐
風的自由之丘雜貨在擺設與商品質感上略勝一
籌，這家TODAY'S SPECIAL尤其令人驚豔，
了解之下，才知原來與東京Blue Bottle是同一
位空間設計師。是一家匯集各生活領域專家靈
感的店鋪，不論想找禮物、衣服、飾品、盆栽、
廚房用具，或是日本各地
的有名器皿等，順著直覺
就能尋覓到與自己來電的
好東西。

富士山模樣的木碟子

1. 1樓以廚房、食譜與食材為主，2樓是居家飾品。圖為筷
架 / **2.** 店門口的綠意吸引人上前一探究竟

※ 新時代的老派生活

ポパイカメラ
Popeye Camera

🌐 www.popeye.jp 📧 東京都目黑區自由が丘2-10-2
📞 03-3718-3431 🕐 11:00～19:00 🈳 週三 ➡🚉東急東
橫線「自由之丘」站正面口，步行2分鐘 🗺 P.123

　　現在是手機就能拍照的年代，在自由之丘卻
有一間致力推廣膠卷相片沖洗手感的相機雜貨
店。老板發覺自由之丘的文化風氣與復古底片
相機很合拍，於是除了機械相機，也販售手工
相機背帶、皮製相機包、相機圖樣鑰匙圈、可
看不可拍的玩具相機，以及市面很難找到的特
殊膠卷等攝影相關產品，放眼望去
來挖寶的女孩們可眞不少。

1.木系裝潢的温馨風格 / **2.**浪漫又可愛的相
機周邊小東西，連自拍機都應有盡有

※ 通通 Made in Japan

カタカナ
Katakana

圖片提供 /
許志忠

🌐 katakana-net.com 📧 東京都世田谷區奧沢5-20-21
📞 03-5731-0919 🕐 11:00～20:00 🈳 不定休 ➡🚉東急
東橫線「自由之丘」站南口，步行3分鐘 🗺 P.123

　　以老板在日本各地發掘的和風小物，和非食
品類日製產品為主軸的生活雜貨店，可以在這
裡挖到好玩有趣、價格實惠的物品，要當伴手
禮也沒問題。禮物主題不定期更換，每次來都
可以看看老板又推出什麼好東西。

ˇカタカナ店門口不定期更換產品主題

中目黑

中目黑以步調悠閒與異國風情為名，鄰近有代官山(全球最美書店之一「蔦屋書店TSUTA-YA」就在這裡)，與翻倒大人醍醐味的惠比壽(P.146)。這一帶服飾小店林立，是日本人心中散步與逛街的好地方，日本朋友甚至說會去中目黑的人很有品味呢！對老蝦來說，光是能在目黑川河畔發呆，已是忙碌生活的最佳療癒。若是挑選非櫻花季、人潮少一些的時候來訪，更能欣賞中目黑不同風貌。

∧尚未營業店家鐵門上的塗鴉

∧櫻花季的目黑川沿岸擠滿賞花遊客

∧目黑川下游河道寬廣而且賞櫻遊客比較少

↖上游

● 菅刈公園

Starbucks
Reserve® Roastery

5

6

うどん 豐前房

野澤通

目黑川

山手通

西鄉山通

往代官山蔦屋書店→

うれしいプリン屋さん
マハカラ
(Happy Pudding
Mahakara)

中目黑

蔦屋書店

東急東橫線

日比谷線

↓下游

烏龍麵裡有魚板、薄昆布、
日式魚餅和京都炸豆皮

吃進心坎裡的一碗麵

うどん 豐前房

Udon Buzjenbo

http buzjenbo.tumblr.com ✉東京都目黑區東山1-11-15
☎03-3710-5425 🕐11:45～14:30，18:00～22:00 休週
一，每月第二和第四個週日，假日 ➡🚉東急東橫線「中
目黑」站西口1出站，步行12分鐘 MAP P.129

在地近30年的低調名店，提供超過10種口味
烏龍麵，所有食材幾乎來自京都，連看起來很
像一片海菜的京都手工製薄片昆布（おぼろ）都
吃得到。套餐附贈野菜炊飯溫和的味道，讓我
不自覺細嚼慢嚥，想牢記它純粹的滋味。別忘
記灑點京都黑七味粉，麻油香氣十分醉人，魚
板與黑七味粉絕搭。店內
座位不多約20張，有歡
迎一人用餐的吧檯區。

月見烏龍麵的蛋花
鬆軟綿密，好吃

1.從中目黑星巴克走來豐前房不用5分鐘 / **2**.豐前房うどん的
魚板與黑七味粉絕搭

Route
07

傍著目黑川開張，繼西雅圖、上海、米蘭、紐約之後的星巴克烘焙工坊

[6] 感受藝術與咖啡結合的美妙
Starbucks Reserve® Roastery

🌐 www.starbucks.co.jp/roastery ✉ 東京都目黑區青葉台2-19-23 ☎ 03-6417-0202 🕐 07:00～23:00 🈺 不定休
🚃 東急東橫線「中目黑」站西口1出站，步行14分鐘
🗺 P.129

1.學剛散步櫻花飲！拮水得喝啊 / 2.咖啡單價較高但其心此其他間的咖啡滋味好 / 3.米自義大利的烘焙坊Princi首度在日本亮相

　　開幕便引起轟動，星巴克日本第一家、全球第五家頂級旗艦體驗店就在東京目黑川。由建築師限研吾操刀（星巴克花蓮洄瀾門市的白色貨櫃屋也出自限研吾之手），一貫的木質建築風格與明亮空間，與目黑川非常匹配。旗艦店挑高4層樓，在1樓大型烘豆機旁可親眼看見從烘焙到裝袋的過程，還能吃到星巴克在日本的首家義大利烘焙坊Princi。

　　走到2樓茶葉世界，TEAVANA茶品提供多種日本茶與限定飲料。3樓是星巴克日本第一間雞尾酒吧ARRIVIAMO BAR，讓你沉浸在微醺氛圍中。4樓是講座空間。每層樓皆有座位。

　　在旗艦店裡，你會發現星巴克不再只是一杯咖啡、一個Logo，而是一趟與藝術、空間、多元飲品結合的充實小旅行，這種突破既定框架、超越自我的雄心，令人不得不佩服。

目黑川賞櫻

因為日劇《離婚萬歲》造訪中目黑的目黑川，強烈生活感帶出東京另類時尚。尤其春天來臨之時，長達將近4公里的河畔，約800株櫻花樹齊放的震撼感，的確堪稱東京數一數二賞櫻勝地。沉浸在粉色櫻花氛圍，心情也跟著浪漫起來。望著陽台上隨手就可摸到櫻花的居民們，忍不住邊拍邊想「住這兒好像也不錯」，不愧名列東京理想居住城市Top10。

➡🚃東急東橫線「中目黑」站西口1出站，步行1分鐘
🗺P.129

1.櫻花如雪花般飄落時，時還能飽覽櫻花河 / 2.老蝦私心推薦下游的櫻花群 / 3.不要小看櫻花季假日的目黑川人潮 / 4.櫻樹林立形成了天然隧道。賞花是春天最重要，也是最幸福的事

日劇🔍放大鏡

離婚萬歲

◆

瑛太主演囉哩叭嗦又性情古怪的男子光生，因為甜點慣而與妻子結夏在劇中一開篇就離婚。隨即殺出前女友與她先生來攪局。來自不同成長背景的兩個人明明相愛，在生活上卻像敵人。兩組人馬在戲中彼此的眷戀與掙扎，是一部探討離婚、同居又猶豫是否能再續前緣的愛情小品。即便日劇名稱讓人覺得離婚萬歲，然而離婚後究竟開不開心？如人飲水，冷暖只有自己知。

同場加映
順遊 二子玉川

二子玉川這一帶,有多摩川沿岸適合大人小孩放風的河堤,也有大型購物中心。車站前「二子玉川RISE購物中心」,以都市與自然融合為概念,4層樓有約180間店鋪,位在1樓的蔦屋家電人潮尤其多。

尋找適合自己的生活風格

蔦屋家電
Tsutaya Electrics

🌐store.tsite.jp/futakotamagawa/ ✉東京都世田谷區玉川1-14-1 ☎03-5491-8550 🕐家電09:30～21:00,書店09:30～22:30 ➡東急大井町線「二子玉川」站前,步行4分鐘

∧結合家電、書籍、豐富文具與影音產品,蔦屋家電踏進去就不容易脫身啦

大概只有蔦屋書店能超越書店的框架。創立於1983年的蔦屋,在2015年把書店改以「家電」問世後驚豔各界。主打產品不單是家電,而是看得見、摸得著,感受得到風格的世界時尚雜貨與生活哲學。店內有專業生活達人,讓你諮詢後就能直接客製自己想要的生活提案;

利用最新科技服務顧客之外,同時提供復古風格的家電產品。

蔦屋家電占地兩層樓,關於工作型態、設計與旅行都在1樓。2樓是飲食、人文、時尚和健康保養等,兒童繪本與遊戲產品也在這兒。

受女性喜愛的輕鬆餐館

ビストロ タマ
Bistro Tama

🌐www.ccinc-love.com/bistrotama ✉東京都世田谷區玉川2-23-1 (二子玉川RISE Dogwood Plaza 7樓) ☎03-3709-2105 🕐11:00～15:00,17:00～23:00 休1/1 ➡東急大井町線「二子玉川」站前,步行1分鐘

蛋包飯是日本家常料理,改良自法國歐姆蛋。有別於以白色瓷盤盛裝雞蛋皮裹著番茄炒飯的傳統作法,這家店從裝潢、菜單到料理都很可愛。蛋包飯以鑄鐵鍋製作,出爐時,記得備好相機搶拍鍋中物蓬鬆如蛋糕的瞬間;享用時,會感覺蛋皮鬆軟得像是鹹口味舒芙蕾,是熱呼呼的幸福滋味。

1.白天用餐可享受撒入桌上的陽光,晚間來有夜景為伴 / **2**.蓬鬆誘人的鮮蝦鑄鐵鍋蛋包飯 / **3**.前菜的熱湯與沙拉也很精緻

品味東京時尚潮流的深厚底蘊。

奧澀谷·惠比壽
oku-shibuya, ebisu

祈願

天 皇在日本人心中是什麼樣子呢？為什麼在繁忙的都心打造「明治神宮」這座大型綠地？帶著好奇心步入明治神宮，猜著哪座鳥居的木頭來自臺灣。朝聖日本最大清真寺，巧遇來禮拜的教徒，奇特文化體驗。散步許久，肚子咕嚕嚕地走到「魚力食堂」尋找救贖。一條街通到底的「奧澀谷」，有種「東西在這裡，都會變得很好吃」的魔力。難怪東京人放假總愛來此，在這裡得到許多靈感，放鬆身心以凝聚更多勇氣面對上班日。搭車揮別閒適愜意的奧澀谷，前往成熟大人街區「惠比壽」，朝聖約會聖地花園廣場與東京女孩奔三前的夢想橋段，粉紅色泡泡在夜晚閃閃發光！喝啤酒也能長知識？「惠比壽啤酒紀念館」讓我大開眼界，最後以大口吃燒肉結束完美的一天。

Route 08 行程計畫

品味東京時尚潮流的深厚底蘊。

圖片提供/許志忠

09:00 ~ 10:00 Start

 ① 明治神宮

🚃 沿著西參道走至「參宮橋」站搭小田急電鐵，至「代代木上原」站南口，走5分鐘

10:20 ~ 11:00

圖片提供 / Tokyo Camii

② 東京大清真寺

🚶 往東沿著井之頭通走20分鐘，往南走5分鐘

11:25 ~ 12:55

③ 魚力

🚶 往南走1分鐘，再往東走1分鐘

12:57 ~ 14:00

④ セバスチャン

🚶 步行1分鐘

14:00 ~ 16:10

⑤ 奧澀谷周邊

🚃 「代代木公園」站搭千代田線至「明治神宮前(原宿)」站，轉JR「原宿」站至「惠比壽」站東口，沿Ebisu Sky Walk走5分鐘

16:40 ~ 17:40

⑥ 惠比壽花園廣場

🚶 步行1分鐘

17:40 ~ 18:45

⑦惠比壽啤酒紀念館

🚶 沿Ebisu Sky Walk走5分鐘至JR「惠比壽」站，站內行至西口，出站後走5分鐘

19:00 ~ 21:00

Goal

⑧燒肉トラジ

一日花費	魚力	1,080
	セバスチャン	1,200
交通未計幣值日圓含稅	惠比壽啤酒紀念館	500
	燒肉トラジ	2,470
	Total	5,250

明治神宮、奧澀谷、惠比壽相關位置圖

代代木
南新宿
千駄谷
參宮橋
北參道
明治神宮
代代木八幡
原宿
明治神宮前（原宿）
代代木上原
代代木公園
表參道
奧澀谷
駒場東大前
神泉
澀谷
池尻大橋
代官山
惠比壽
中目黑
惠比壽

Route 08

🚃 **交通對策**

Route 8在澀谷與惠比壽移動。提醒：到了惠比壽後多加利用Ebisu Sky Walk平面手扶梯，就算下雨，也能一路乾爽地往返惠比壽車站與花園廣場喔！

東京地下鐵 Ⓜ 千代田線
東京地下鐵 Ⓜ 副都心線
都營地下鐵 ◉ 大江戶線
JR JR 山手線、總武線
小田急電鐵 🚆 小田原線

明治神宮　小田急電鐵小田原線（¥130）20分鐘　**奧澀谷**

惠比壽　Ⓜ 千代田線（¥170）轉 JR 山手線（¥140）30分鐘

明治神宮是舉辦神前式婚禮的熱門地點之一

圖片提供／綿羊

東京都內占地最廣的綠地

明治神宮

Meiji Jingu

ⓗ www.meijijingu.or.jp ✉ 東京都澀谷區代代木神園町1-1 ☎ 03-3379-5511 🕐 依照日出、日落決定開放時間，詳見右頁 ➡ 有三個參道入口，詳見右頁 🅼 P.139

豆知識

神社、佛寺、神宮大不同

在日本，有和尚與佛像的地方是佛寺，例如淺草寺、藥王寺。有神靈居住的地方是神社，例如根津神社、神田神社，特徵是可看到鳥居與巫女。神宮則是供奉天皇祖先，規模比神社更大，例如明治神宮與東京大神宮。

想走到明治神宮，得穿過一座茂密高大的森林，以神宮橋為起點，踩在鋪滿碎石子路的參道上，沙沙聲響洗去身上濁氣。感念明治天皇奠定日本現代化基礎而興建的明治神宮，內有來自國內各地捐贈、超過200種的樹種，建構了這座象徵日本領土的森林，坐落森林裡的祭神正是明治天皇，印有皇室限用紋章16瓣八重菊的吊燈隨處可見。

據統計，一天進出明治神宮前站的人次將近11萬。而一年之中最多人的時候就是新年，元旦起3天將近300萬人潮湧入，無論想求什麼，姻緣、學業、健康與交通安全……跟著滿滿的人氣，感謝神明過去一年的保佑，並祈求新年的好運。

明治神宮地圖

代代木

寶物殿

參宮橋

北參道入口

西參道入口

御社殿

明治神宮

夫妻楠

神宮會館

大鳥居

神宮御苑

祭祀酒樽

明治神宮博物館

代代木公園

一之鳥居
南參道入口

原宿

明治神宮前 (原宿)

N

小田急電鐵小田原線

大江戶線

總武線

副都心線

山手線

千代田線

北參道

明治神宮開放時間	
1月 06:40～16:20	7月 05:00～18:20
2月 06:20～16:50	8月 05:00～18:00
3月 05:40～17:20	9月 05:20～17:20
4月 05:10～17:50	10月 05:40～16:40
5月 05:00～18:10	11月 06:10～16:10
6月 05:00～18:30	12月 06:40～16:00

明治神宮交通

■**南參道：**東京地下鐵千代田線、副都
心線「明治神宮前(原宿)」站2號出口
步行1分鐘，或JR山手線「原宿」站
表參道口步行1分鐘。

■**北參道：**JR山手線、總武線「代代
木」站西口、都營地下鐵大江戶線
「代代木」站A1出口步行5分鐘，或
東京地下鐵副都心線「北參道」站3號
出口步行5分鐘。

■**西參道：**小田急電鐵小田原線「參宮
橋」站剪票口步行5分鐘。

1.寄託著眾人祈願的繪馬，繪馬上的圖案左為根據白桐設計的桐紋，右為日本皇室專用菊紋 / 2.綠蔭參天的明治神宮參道 / 3.參拜前要先清淨身心的手水舍 / 4.藏在神宮裡的幸福愛心，你集到幾個呢？ / 5.16瓣八重菊的吊燈 / 6.明治神宮御社殿

參｜觀｜重｜點

Check 1 一之鳥居

從南參道入口前往神社遇到的第一座鳥居。鳥居背後是神明住的世界，從一之鳥居開始參拜之路，照慣例先脫帽後敬禮，切記只能走兩側，留中間的路給神明通行。

∧一之鳥居

Check 3 大鳥居

又稱二之鳥居。利用日治時期臺灣總督府進貢的臺灣阿里山木材製作完成，後來遭到雷劈，不捨的木材商決定再找一株神木，最後在臺灣丹大山選中一株年齡1,500歲的千年扁柏，成就了現在的第二代鳥居，它也是日本最大木造明神鳥居。

∧大鳥居，使用從臺灣飄洋過海的千年神木

Check 2 祭祀酒樽

南參道上排滿來自日本各地進貢給天皇的酒樽。看到整片清酒酒樽不稀奇，但法國的葡萄酒也在進貢行列？原來率先西化的明治天皇很喜歡葡萄酒。

∧清酒酒樽

∧葡萄酒酒樽

Check 4 御社殿前的夫婦楠

遠看彷彿一棵大樹，近看才發現是兩棵樹緊緊相依。據說拍下這兩棵樹齡百歲的楠木與中間的注連繩當成手機桌面，願望會成真。

>夫婦楠上的注連繩是神聖世界與世俗的界線，不可以摸

∧夫婦楠

10:20 ～ 11:00

俯視大清眞寺的
巨大圓形屋頂

遊玩鐵則

請穿著長袖衣褲入內，
女生請戴頭巾。禮拜儀
式中請勿攝影。

圖片提供 / Tokyo Camii

揭開伊斯蘭教的神祕面紗

東京大淸眞寺

Tokyo Camii

🌐 tokyocamii.org ✉ 東京都澀谷區大山町1-19 ☎03-
5790-0760 🕐 每日10:00～18:00 ➡🚃小田急電鐵小田
原線「代代木上原」站南口，步行5分鐘 🗺 P.143

離代代木上原站不遠處有座日本少見的穹頂
建築，它是東北亞最美、日本最大的清眞寺，
是明治維新後日本神道教與伊斯蘭教和平共處
的象徵。對穆斯林來說，這兒是與富士山、東
京迪士尼齊名的必訪之地。

東京大淸眞寺建造之初，所有家具與飾品都
遠從土耳其進口，連同工匠也是來自土耳其。
不用梁柱也能支撐巨大圓形屋頂是拜占庭建築
（Byzantine）的帆拱特色。將近24公尺高的拱頂
象徵眞主阿拉的宇宙，並把眞主阿拉在《可蘭
經》裡的啓示文鑲在清眞寺裡，透過經文連結
信仰和宇宙觀。不喝酒、不食豬、不崇拜偶像
與神祇、每天5次禮拜、一生必去麥加朝覲的

∧ 大清眞寺的禮拜場所(圖片提供 / Tokyo Camii)

穆斯林聚會場所就在這裡。

清眞寺隸屬土耳其駐日大使館，1樓是土耳
其文化中心與禮品部，展示土耳其民宅的客廳
裝潢。2樓是穆斯林聚會禮拜的禮拜堂，另有
女性穆斯林禮拜的空間。因為週五是伊斯蘭教
聚禮日，前來祈禱禮拜的人特別多。週末與假
日14:30在1樓大廳有90分鐘免費日語導覽。

11:25 ～ 12:55

米飯與味噌湯
免費續碗

[3] 就像在家吃飯一樣輕鬆
魚力
Uoriki

🌐 www.uoriki6709.com ✉ 東京都澀谷區神山町40-4
☎ 03-3467-6709 🕐 週一～六11:00～16:00，17:30
～20:30 🚇 千代田線「代代木公園」站2號出口，步行
10分鐘 MAP P.143

　　跟著漫畫《孤獨美食家》第二卷到「魚力」
吃魚。明治時期創業，目前由第四代掌廚，熱
情的老板娘吆喝入座，親切問候「工作辛苦
啦！」、「有吃飽嗎？」，讓人暖心。可吃到鮭
魚肚(鮭ハラス焼き)與味噌鯖魚(サバ味噌煮)
的招牌雙拼定食(本日のハーフ＆ハーフ)每桌必
點，帶甜味的米飯配上鹹香入味的魚肉，不愛
吃魚的我連吃三碗飯，好吃到腦袋一片空白。

1外觀簡樸又低調的食堂門口 / **2**燉煮超過12小時的味噌鯖魚
好吃到流淚 / **3**季節限定照燒鰤魚(ブリ，青甘)，肉多又下飯

12:57 ～ 14:00

現點現做的另類
法式冰甜點

[4] 剉冰的美味變裝
セバスチャン
Sebastian

🌐 twitter.com/hk_sebas ✉ 東京都澀谷區神山町7-15
☎ 03-5738-5740 🕐 前一天公布在twitter官網，例如「1
月20日預約台帳なし11時～17時」表示1月20日11:00
～17:00營業 🚇 千代田線「代代木公園」站2號出口，
步行10分鐘 MAP P.143

　　冬天也大排長龍的冰店？！當剉冰變成烤布
蕾，你以為的蛋糕其實不是蛋糕！只有在入
口瞬間，才實證眼見不為憑這句話。曾在法國
做過料理人的老板利用巧思將剉冰升級成為甜
點，就像隔壁桌的OL說「看起來是甜點，其

1.現點現做的另類法式冰甜點，外觀就像大型烤布蕾 / **2**セバ
スチャンの店門口，招牌「冰」的布簾卻判了 / **3**老板正在用心
地製作甜點，這轉盤似乎沒停過

實是剉冰，好像再多也吃得下。」店內座位不
到20張，不可預約只留給願意排隊的你。

14:00
~ 16:10

從代代木八幡站旁邊
橋上的公車站牌處往奧澀谷看去

5 奧澀谷周邊
Oku-shibuya Area

有別於澀谷的喧囂嘈雜，奧澀谷沉靜慵懶的氛圍，打破我對東京又吵又亂的印象。奧澀谷指的是澀谷深處，涵蓋澀谷東急百貨到地鐵代代木公園站一帶，是在地人週末想放鬆的祕密基地。就像跨入另一個時空，來到這裡，步調都會自動慢了下來。

小田急小田原線
千代田線
代代木八幡
● 代代木公園
代代木上原
代代木公園
2
井之頭通
東京大清真寺
● 古賀政男
音樂博物館
Mi Choripan
CHEESE
STAND
外帶店
Minimal
● Fuglen
Tokyo
5
奧澀谷周邊
山手通
CAMELBACK
CHEESE
STAND
魚力
3
NHK
東海大學代代木校區
Shibuya Publishing
& Booksellers
4
セバスチャン
↓往東京大學駒場校區
往澀谷東急百貨↘

N

※※ 書店就是出版社，以書為主題的生活美學

Shibuya Publishing & Booksellers

🌐 www.shibuyabooks.co.jp ✉️東京都澀谷區神山町17-3 📞03-5465-0588 🕐週一〜六11:00〜23:00，週日11:00〜22:00 🚇千代田線「代代木公園」站2號出口，步行6分鐘 🗺️P.143

遊玩鐵則
店內禁止飲食、禁止攝影。

∧站在店門口忍不住張望裡頭陳列些什麼書

書架後方玻璃那一頭就是出版社辦公室，逛書店的同時也能瞄到編輯群認眞工作的樣子。用獨到的出版眼光挑選出店內讀物，主題以文學、藝術、設計等為主，也有耳環、服飾、筆記本等生活雜貨，推廣融入書香的生活風格。順帶一提，這家書店正是帶起奧澀谷獨特活力的原點喔！

※※ 東京牧場直送的新鮮乳酪

CHEESE STAND

遊玩鐵則
請依店規先到櫃檯點餐結帳，再找座位。

🌐 cheese-stand.com/shibuya ✉️東京都澀谷區神山町5-8 📞03-6407-9806 🕐週二〜六11:30〜23:00(最後點餐22:00)，週日11:30〜20:00 🚇千代田線「代代木公園」站2號出口，步行6分鐘 🗺️P.143

每一桌幾乎都會有的人氣乳酪雙拼

從歐美進口到日本的新鮮乳酪，難免因為路途遙遠而走味。就算從北海道運至東京也需要2〜3天。為了在東京的都市叢林裡也能享受當天現做的新鮮，CHEESE STAND誕生了。招牌「乳酪雙拼」有圓潤討喜外型的莫扎瑞拉(モッツァレラ)，淋上橄欖油後香味四溢，還有搭配蜂蜜的瑞可塔(リコッタ)，甘甜清淡不搶戲。除了招牌乳酪，店家也提供現做三明治與披薩。另有不太需要排隊的外帶分店(見P.143)。

芒果口味的乳酸菌飲料(ホエイ)

保冷袋，保存軟質起司(例如瑞可塔)最佳溫度是0〜1℃

1.CHEESE STAND店門口，找到這頭牛就對了 / **2**.品嘗乳酪牽絲的最佳機會，就是點披薩(ピッツァ)

❊❊ 臺灣人會愛上的極品咖啡

內用每日咖啡，續杯只要半價

Fuglen Tokyo

🔗www.fuglen.no ✉東京都澀谷區富ヶ谷1-16-11 📞03-3481-0884 ⏰咖啡：週一～二08:00～22:00，週三～五至19:00，週末09:00～19:00。酒吧：週三～四19:00～01:00，週五～六至02:00，週日至00:00 🚇千代田線「代代木公園」站2號出口，步行5分鐘 🗺P.143

深受各國觀光客喜愛的Fuglen Tokyo，直接把挪威生活氛圍搬到奧澀谷，成為Fuglen第一個海外據點，在淺草也有分店。結合咖啡、調酒與懷舊氣氛的複合式酒吧，夜間不定期舉辦爵士演奏。義式和手沖咖啡的表現讓人為之驚豔，就算不是嗜咖啡如命的人，也會愛上待在Fuglen的自己。店鋪位在代代木公園旁，不論何時來總是鬧中取靜。提供英文菜單，英文點餐沒問題。

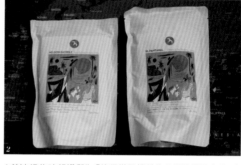

Route 08

1.曾被紐約時報讚譽為「值得搭飛機前往品嘗的極品咖啡」/
2.忍不住買兩包店長推薦的咖啡豆，老蝦心中東京第一名

❊❊ 全手工的巧克力世界觀

手工巧克力冰淇淋，吃起來跟巧克力磚幾乎一模一樣

Minimal

🔗mini-mal.tokyo ✉東京都澀谷區富ヶ谷2-1-9 📞03-6322-9998 ⏰每日11:30～19:00 🚇千代田線「代代木公園」站1號出口，步行6分鐘 🗺P.143

窺視巧克力新世界，自產地選豆、烘豆、製成巧克力塊皆親力親為，正是Bean to Bar傳遞的概念。榮獲2017年世界巧克力金賞的Minimal，認為藏在可可果內的可可豆是水果。為了凸顯原始風味捨棄牛奶及其他添加物，單純

只用磨碎的可可豆與砂糖調製提煉出巧克力磚，重新詮釋時下巧克力滋味。另有巧克力工坊（參照官網Event／Workshop），從磨豆開始製作屬於自己風味的巧克力。

1.Minimal每日推薦品項都寫在小黑板上／2.主力商品巧克力磚就是要顛覆你對巧克力單一滋味的印象／3.6種口味的小包裝組合還是最划算

惠比壽

日比谷線

明治通

惠比壽橫丁

小森谷榻榻米

脆皮鯛魚燒ひいらぎ

惠比壽 Ⓜ

惠比壽神社

惠比壽的
鎮地福神雕像

JR
惠比壽

←往代官山

8
燒肉トラジ

山手線

P.F.S. PARTS CENTER

Ebisu Sky Walk

惠比壽南二公園

惠比壽啤酒紀念館 7

惠比壽花園廣場 6

三越百貨

惠比壽南一公園

惠比壽花園電影院

惠比壽花園大廈
38～39樓展望台

新榮屋坂通

目黑三田通

侯布雄餐廳

厚生中央醫院

東京都寫真美術館

惠比壽多年蟬聯關東地區居民理想居住地調查第二名，僅次於吉祥寺。交通便利，花園廣場是人氣景點，整體散發優雅與高級氣氛，又有成熟大人街區之稱。從高檔料理到平民小吃、米其林星星(例如侯布雄法式餐廳)、新興熱門餐酒館(例如Carnesio East)、古早風情居酒屋(例如惠比壽橫丁)，絕對能滿足饕客的口腹之欲。夏季限定的戶外電影節、啤酒節(惠比寿麦酒祭り)、來自日本各地小農好物的週日市集(惠比寿マルシェ)等，走在這裡感覺自己也變時尚了。

遊玩鐵則

歲末的惠比壽，是東京的人氣聖誕點燈地點之一，巨大水晶吊燈襯托出這裡的高雅與華麗。

N

16:40
～17:40

特地從法國運來石材
在惠比壽打造的法式城堡

6 惠比壽地標．連空氣都有點時髦

惠比壽花園廣場

Ebisu Garden Place

http gardenplace.jp ✉東京都澀谷區惠比壽4-20 ☎03-5423-7111 ⏰每日24小時開放 🚃JR山手線「惠比壽」站東口，沿Ebisu Sky Walk步行5分鐘 MAP P.146

∧入夜後，眼前這些板凳一位難求

　　說到惠比壽地標，非宏偉大器的花園廣場莫屬。原址是惠比壽啤酒工廠，在1988年遷址千葉縣之後，因應都市更新計畫而重新規畫。如今集合惠比壽啤酒紀念館、三越百貨、美術館和電影院等文化休閒場所，是瀰漫歐式風格與浪漫氣息的城中城。

　　其中，要事先預約才吃得到的法式餐廳Château Restaurant Joël Robuchon，是全世界米其林摘星總數最多的主廚侯布雄（Joël Robuchon）旗下品牌。宛若城堡的外觀，以熱情紅與神祕黑為主色，卸下傳統法式料理拘束的刻板印象，主張帶著輕鬆的心情，品味美得像幅畫的創意法式菜肴。日劇《東京女子圖鑑》中，期待遇到好對象的主角綾曾說「30歲前能到花園廣場法式餐廳約會的女人，就是好女人。」這餐廳在眾多東京女子心中的地位非同小可。

　　你也可以到高167公尺的惠比壽花園大廈38～39樓展望台（11:00～23:00免費開放），這裡能看到新宿地區與東京鐵塔，也許還能發現富士山！

1.適逢聖誕節慶的花園廣場 / **2**.法式城堡風格的侯布雄餐廳 / **3**.侯布雄烘焙坊LA BOUTIQUE de Joël Robuchon，可頌美味又便宜 / **4**.從花園大廈展望台往車站方向看去 / **5**.從惠比壽花園廣38〜39展望台欣賞東京鐵塔夜景

流星花園、東京女子圖鑑

　　現實中的花園廣場是約會熱門場所，日劇場景中亦然。《流星花園》是描述貧窮的女主角杉菜被迫就讀貴族學校後，與紈袴子弟道明寺相戀的校園愛情劇。道明寺淋雨苦等杉菜的初次約會地點就在花園廣場。電影版中道明寺與杉菜的結婚典禮也在這兒鋪上紅地毯拍攝。

　　如果你想看懂東京人的階層標籤，必看《東京女子圖鑑》。女主角綾為了成為受人憧憬的成功女性，在人生不同階段抉擇的心境，是一部寫實又不失幽默的現代啟示錄。引領東京流行潮流的惠比壽正是綾與男友的約會場所，更不用說她當時也偷偷期待男友在侯布雄法式餐廳向她求婚。

∧ 花園廣場也是外拍取景勝地　　　　　　　　∧ 在花園廣場，人人都能走上紅地毯

17:40 ～ 18:45

惠比壽的黑啤酒，口感層次豐富

先有惠比壽啤酒才有惠比壽
惠比壽啤酒紀念館
Ebisubiru Kinenkan

http www.sapporobeer.jp/yebisu/museum ✉東京都澀谷區惠比壽4-20-1 ☎03-5423-7255 🕐週二～日11:00～19:30 ㊡週一 💲免費參觀。專人導覽每人￥500，可線上或現場預約 ➡JR山手線「惠比壽」站東口，沿Ebisu Sky Walk步行5分鐘 🅼P.146

擁有百年歷史的惠比壽啤酒曾是東京代表啤酒。漫畫《美味大挑戰》、夏目漱石著作《二百十日》也有其蹤影。惠比壽啤酒的麥芽味特別明顯，濃郁豐厚是特色。跟著導覽員搭乘時光機一探早期惠比壽啤酒的盛況，20世紀初，一瓶惠比壽啤酒要價甚至抵上10碗蕎麥麵呢！大廳有個啤酒罐組成的超大造型啤酒，若找到隱藏版雙魚福神啤酒罐，據說會幸運一整年喔！

1.讓人想朝拜的啤酒紀念館正門 / 2.啤酒工廠的煙囪，設計用意是避免雨水流入，破壞啤酒滋味 / 3,4.啤酒見學體驗的試飲場所，除了可以喝2杯啤酒，還可學習正統的倒酒技巧

Goal 19:00 ～ 21:00

遊玩鐵則
每月29日是Toraji吃肉日(29的日語發音等同「肉」的讀音)，午餐限量黑毛和牛套餐￥1,500(未稅)。

用燒肉為整天辛勞收尾
燒肉トラジ 本店
Yakiniku Toraji

http ppt.cc/fZmHKx ✉東都澀谷區惠比壽南2-2-4 ☎03-5725-1929 🕐每日17:00～00:00 ➡JR山手線「惠比壽」西口，步行6分鐘 🅼P.146

經營超過20年的Toraji是連鎖燒肉老字號，也是日本厚片燒肉風潮始祖。日籍韓裔社長從幫忙媽媽的燒肉店開始到創業，獨立走出一片天。標榜無煙炭火、開放式廚房以及罕見厚切燒肉吃法，廣受歡迎，也讓Toraji的分店在東京遍地開花。完全禁菸的燒肉環境，不用擔心

1.感謝發明生菜夾燒肉吃法的古人 / 2.肉品現點現切，不愧是溫體肉，吃得出新鮮甜味 / 3.大片落地窗店門，十分低調

外套熏到油煙的貼心設計，來這裡只要專心大口吃肉配冰涼啤酒就好！

06
07
08
09
10
11
12

Route 08

13
14
15
16
17
18
19
20
21
22
23
00

Tokyo 149

爬山遊湖‧擁抱東京的綠意與恬靜。

高尾山‧吉祥寺
takaosan, kichijoji

早起先到「高尾山」呼吸新鮮空氣，進行森林療癒探險，思索著是不是能在山頂望見富士山倩影。下山後吃一份東京人引以為傲的江戶美食蕎麥麵，喝杯蕎麥果實的熱茶放鬆身心。搭車到東京人嚮往居住的吉祥寺，穿梭在「井之頭恩賜公園」的森林，參拜弁財天來場合法洗錢，融入大自然的幽靜涼爽；別忘了在「井之頭自然文化園」裡追逐松鼠的足跡、探索井之頭乾淨水源的生態祕密。走回吉祥寺站前的「口琴橫丁」買個日式甜點、瞧瞧人家和風創意麵的威力。晚餐時間來碗天丼飯，澆上特製醬汁的正統關東風味，每一口都讓人懷疑這世界還要不要讓人減肥啊？最後在爵士酒吧來場耳朵的音樂旅行，乾杯！

爬山遊湖，
擁抱東京的綠意與恬靜。

08:00 ~ 11:30

Start

① 高尾山

 跟著指標下山，抵達清瀧站或山麓站，繼續直走約2分鐘

11:30 ~ 13:00

② 高橋家

走5分鐘至「高尾山口」站搭乘京王高尾線，在「北野」站轉乘京王線，在「明大前」站轉乘京王井之頭線於「吉祥寺」站下車，走6分鐘(車程約1.5小時)

14:30 ~ 15:00

③ 井之頭恩賜公園

往西邊跟著園內指標，穿過吉祥寺通，走5分鐘

15:05 ~ 16:40

④ 井之頭自然文化園

往東北方沿著吉祥寺通，穿過JR「吉祥寺」站，右轉平和通，走10分鐘

16:50 ~ 17:20

⑤ 口琴橫丁

穿越口琴橫丁，左轉回到吉祥寺通，再右轉過昭和通及大正通，走5分鐘

17:25 ~ 18:55

⑥ 金子屋

出店門右轉，過第一個紅綠燈直走5分鐘

19:00 ~ 21:00

Goal

⑦ Sometime 爵士酒吧

一日 花費 交通未計 幣值日圓 含稅	纜車來回	940
	高橋家	700
	金子屋	1,380
	Sometime爵士酒吧	500
	Total	3,520

🚃 交通對策

從東京市區至高尾山有三種搭乘方法,第一種是從新宿出發搭**京王線**,第二種是從澀谷搭**京王井之頭線**到明大前站轉京王線,第三種是搭**JR**到高尾站再轉京王線到高尾山口站。離開高尾山前往吉祥寺有兩種搭車方式。第一條是搭乘京王線到明大前站,轉乘井之頭線至吉祥寺站。第二條是搭乘京王線到高尾站,轉乘JR中央線到吉祥寺站。

行程結束後如果想回新宿或澀谷轉車,買京王電鐵發售的「京王線・井之頭線一日乘車券」,票價¥900,不限次數搭乘比較划算。

∧ 從高尾山拍攝的鑽石富士(圖片提供／©TCVB)

新宿 🚇 京王線

明大前 — 京王線 — **高尾山口**

澀谷 🚇 井之頭線

JR 🚇 中央線

高尾 — 京王線 —

明大前 — 井之頭線 —

高尾山口 🚇 京王線

吉祥寺

高尾山口 🚇 京王線

高尾 — 🚇 中央線 —

高尾山口站是建築大師
隈研吾所設計

1 與富士山齊名的米其林3星綠色景點
高尾山
Takaosan

http www.takaosan.or.jp MAP P.15、155

　　海拔599公尺，1967年被列入國家公園，如今登山人數堪稱是全球第一。高尾山可說是關東地區最熱門健行路線。從新宿站出發不用60分鐘，尤其適合一日遊。從山腳到山頂全長約3.5公里，步行約100分鐘。山內多達6種主題步

1.京王線高尾山口站 / 2.高尾山是靈氣逼人的能量景點 / 3.從山腳朝高尾山藥王院出發

道添增景致變化，加上可當天往返的便利性，享受輕快爬山的樂趣，還沒下山回家已經在想著何時再來。有木頭香的高尾山口站是建築大師隈研吾於2015年改建，建材使用列為天然紀念物「高尾山的杉木」，不需半根釘子的搭造方式非常特別。

|登|山|路|線|

高尾山口站

🚶 步行5分鐘 　　🚶 步行5分鐘

清瀧站	山麓站
🚠 纜車6分鐘	🪑 吊椅12分鐘
高尾山站	山上站

🚶 步行5分鐘 　　🚶 步行10分鐘

章魚杉

🚶 步行2分鐘

淨心門

🚶 步行18分鐘

高尾山藥王院（散步30分鐘）

🚶 步行20分鐘

山頂（休息30分鐘）

高尾山登山地圖

A. 權現茶屋
B. 男坂
C. 女坂

|參|觀|重|點|

 Check 1 清瀧站、山麓站

　　感受日本坡度最陡的纜車（ケーブルカー），高尾山口站旁的清瀧站就是你的目標。從清瀧站搭纜車前往海拔472公尺的高尾山站，陡峭程度約31度、高度差超過250公尺，乘車時間6分鐘。如果沒有懼高症，買票前還可選擇吊椅上山（リフト，最多乘坐兩人）。從山麓站至山上站約需時12分鐘。除可就近感受美麗的大自然外，美景盡在腳下更是滿載著驚險刺激，務必嘗試。纜車與吊椅的起迄站不同，如果兩種都想搭，去程與回程需分開買單程票。

　　下車後就開始爬山囉！經典路線是途經藥王院的「1號路線」，又有表參道之稱。

🌐 www.takaotozan.co.jp/timeprice ⏰ 發車時間依季節調整，出發前請上官網查詢 💲 成人(含中學生)單程￥490，來回￥950。小學生單程￥250，來回￥470。3歲以上兒童搭乘吊椅以小學生費用計

1.選在紅葉季訪高尾山搭纜車實在完美 / **2**.讓人坐得膽戰心驚的吊椅 / **3**.高尾山登山纜車站(圖片提供 / © TCVB)

Route 09

Tokyo 155

Check 2　章魚杉

離開車站依循指標走到樹齡超過450歲的「章魚杉」。傳說當初要被砍伐時，樹根一夜之間盤根錯節讓人無法下手，靈氣逼人，是知名的能量景點。

∧章魚杉前的章魚雕像

Check 3　淨心門

匾額「靈氣滿山」從這道門開始進入藥王院的神聖領域。沿途兩側掛滿信徒捐贈的紅燈籠，聯想起臺灣廟宇裡象徵照亮前途的光明燈。穿越紅燈籠區域後，有登山道分岔點等著你。

∧看到淨心門就知道已踏入藥王院的地盤

Check 4　男坂和女坂

穿過紅燈籠，在石碑處出現叉路，左邊的石階是男坂，中間點的舍利塔供奉來自泰國王室的釋迦眞身佛舍利，右邊緩坡則是女坂。名稱帶有男、女卻與性別無關，只有路面好不好走的差別，終點是權現茶屋（P.159）。據說只要爬完男坂的108個階梯，就能忘記象徵世俗的108種煩惱。

∧能搬得起與你罪孽一樣深重的不動石嗎？

∧邊爬階梯邊尋找與高尾山一樣深邃的紅葉

Check 5　藥王院

從外觀不難看出藥王院歷史悠久。建寺時供奉藥師如來，故名藥王院。隨後從京都醍醐寺引入飯繩大權現，為高尾山守護神。飯繩大權現是不動明王（佛教八大守護神之一）在凡間的慈悲化身。

本堂供奉藥師如來與飯繩權現，本社（權現堂）則是祭祀飯繩權現。有佛又有神？藥王院雖是佛教寺廟也有日本神社鳥居，是少數日本神道教與佛教合一，又保存良好的寺廟，雙雙相連鎮守此地已超過1,200年。

天狗被視為飯繩權現的神使，也是天狗造像在這兒無所不在的原因。信眾前來祈求締結良緣或身體健康，甚至開運除厄尤其靈驗，爬山運動順便參拜一舉兩得。每年3月第二個週日，在山腳廣場舉行祈求消災解厄的過火儀式，可自由參加（時間請見官網）。

1.掌管良緣的愛染明王，御守是發音與「緣」一樣的日幣五元 / 2.特地上山參拜，腳踏實地祈求神明保佑 / 3.長鼻子是大天狗的特徵，小天狗則是有著鳥嘴 / 4.藥王院本堂香火鼎盛（圖片提供 / ©TCVB）

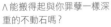

Check 6

山頂展望台

「關東富士見百景」之一，還好高尾山的坡度沒有困難到讓人無力欣賞這等美景，運氣好的話可以看到富士山！展望台是個有趣的場所，自備便當不稀奇，有人背瓦斯爐在這煮火鍋開趴。冬至前後太陽西沉富士山頂的美景被稱作「鑽石富士」，記得自備手電筒方便下山。

1.雖說有纜車可搭，想攻頂還是得靠雙腳才行 / **2**.能找到幾顆愛心呢？/ **3**.從展望台前往紅葉台的路上，擠滿正在野餐的人 / **4**.天公作美時在山頂展望台與富士山面對面

其他推薦

高尾山知性景點

摸得到的立體百科
高尾599博物館

🌐 www.takao599museum.jp ✉ 東京都八王子市高尾町2435-3 ☎ 042-665-6688 ⏰ 博物館：4～11月08:00～17:00，12～3月08:00～16:00(閉館前30分最後入館)。599CAFE：11:00起營業 🈺 詳見官網 💲 免費 ➡🚃 京王高尾線「高尾山口」站，步行5分鐘 🗺 P.155

以高尾山海拔599公尺命名的生態博物館。由於高尾山地處溫帶與冷溫帶交會處，光是已確認的植物種類就超過1,500種，幾乎與整個英國不相上下。生態常設展呈現了高尾山生物百態，可觸摸樹木果實，也有昆蟲標本能讓你張大眼睛仔細瞧，非常好玩。

1.599博物館廣場，旨在促進人與人的交流 / **2**.定時燈光音樂秀透過聲光音效展示高尾山的豐富生態 / **3**.收藏高尾山生態區特有種標本，例如鼯鼠、日本松鼠、日本野豬和柑橘鳳蝶等

高橋家
Takahashiya

蕎麥茶沈穩的香氣讓人解迷

🌐www.takahasiya.com ✉東京都八王子市高尾町2209
☎042-661-0010 🕐10:00～18:00(最後點餐17:30) 休詳
見官網 ➡🚉京王線「高尾山口」站,步行5分鐘(鄰近清
瀧站與山麓站) 🗺P.155

主打用關東地區長野信州蕎麥粉,與兩種山
藥泥粉特製的六割麵條,滋味別無他家。六割
是麵團中的蕎麥粉占六成,蕎麥粉比例越高,
麵條越柔軟。在不同溫度下的蕎麥麵風味也截

1.暖簾內的高橋家別有洞天 / 2.鴨肉蕎麥麵(鴨ねぎそば),將
蕎麥麵浸入滿滿鴨肉與蔥段的湯內,一起享用

然不同,不論是冷食或是熱吃,蕎麥香在咀嚼
中越發明顯。在山腳下吃的蕎麥麵就是跟市區
不一樣啊!

其他推薦

到高尾山泡湯

下山泡一回,身心舒暢
京王高尾山溫泉極樂湯

🌐www.takaosan-onsen.jp ✉東京都八王子市高尾町
2229-7 ☎042-663-4126 🕐每日08:00～23:00(最後入場
22:00) 💰平日:成人(13歲以上)￥1,000,兒童￥500。
假日與繁忙期間:成人￥1,200,兒童￥600 ➡🚉京王線
「高尾山口」站,步行1分鐘 🗺P.155

高尾山的溫泉色澤屬透明色,尤其適合放鬆
肌肉、消除疲勞。除了高尾山這邊地底1,000公
尺湧的美肌溫泉之列,館內亦有日本境內少見
的碳酸溫泉,與宛若森林浴的檜湯。

1.學日本人泡湯後喝瓶冰牛奶 / 2.館內有供應餐點(1.2.圖片提供/許志忠)

吃個甜點補充體力再出發
權現茶屋 Gongen Chaya

✉ 東京都八王子市高尾町2177-2 ☎042-661-2361 ⏰週一～五11:00～16:00，週末11:00～16:30 🚶走過淨心門約7分鐘即可抵達 🗺P.155

旅人歇腳的好地方，來串糰子充飢或是冰淇淋消暑吧！有炭火燒烤的芝麻糯米糰子以及使用八王子（高尾山所在地）牛奶的冰淇淋，喜愛牛奶的人會拜倒在它醇厚的風味之下啊！

1.外觀彷彿鮮奶油的牛奶冰淇淋，口感輕盈順口 / 2.專做芝麻的權現茶屋，提供白芝麻和黑芝麻兩種口味的糰子 / 3.茶屋為參拜者準備的免費奉茶

夏天消暑冬天暖胃的甘酒
千代乃家 Chiyonoya

✉ 東京都八王子市高尾町2477 ☎042-661-4118 ⏰週二～五10:00～18:00 休週一 🚉京王高尾線「高尾山口」站，步行3分鐘 🗺P.155

被蒸饅頭的熱氣給吸引。介於高橋家與高尾山口站之間的茶屋千代乃家，使用酒種發酵的酒饅頭（酒まんじゅう）包著紅豆泥，酒饅頭吃起來比臺灣饅頭更鬆、更軟。搭配一杯四季喝都適合的溫熱甘酒，甜甜的，心情愉快。不含酒精的甘酒是日本古人智慧的結晶，兼具消暑與補充營養的傳統發酵飲品。

1.甘酒 / 2.酒饅頭口感介於發糕與海綿蛋糕之間 / 3.告知內用後，一屁股坐在火爐旁，跟旁邊剛下山的老奶奶聊天順便取暖

吉祥寺

看起來悠哉的慢步調，不論想採買什麼都能滿足需求，是我對吉祥寺的第一印象。融合生活雜貨、巷弄美食與自然風景的吉祥寺是東京人紓壓的好去處。難怪每年東京都票選最想住的城市排行榜冠軍不是惠比壽，就是吉祥寺。套句東京人說的「不論你是誰，都能在吉祥寺找到屬於自己的棲身之所。」

6 金子屋

大正通　本町新道

Penny Lane

東急百貨

武藏野市立
吉祥寺美術館

Sometime
爵士酒吧 7

昭和通

ダイヤ街商店街

武藏通

SUNROAD 商店街

吉祥寺通

ダイヤ街

小ざさ

5 口琴橫丁

中道通

PARCO

スパ吉

UNIQLO

井之頭通

平和通

中央線

總武線

JR

吉祥寺

いせや總本店

唐吉軻德

井之頭通

京王井之頭

丸井百貨

氷屋ぴいす

武藏野珈琲店

吉祥寺通

4 井之頭自然文化園
動物園（本園）

野口雨晴石碑

3 井之頭恩賜公園

いせや公園店

井之頭池

4 井之頭自然文化園
水生物園（分園）

七井橋

井之頭弁財天

鴨子船

N

日劇 Q 放大鏡

只想住在吉祥寺嗎？

跟著个動產姐妹花與找房客尸漫步東京各區，劇中出現的地區包括神樂坂、秋葉原、惠比壽、淺草附近的藏前等。劇情宛若深夜食堂旅行版，有趣的是原本慕名吉祥寺因而想搬來的客人，最後都不住在吉祥寺，而是往更適合自己未來的地區前進了。

14:30 ～ 15:00

日本櫻花名所百選之一的
井之頭恩賜公園，秋季楓葉也很美

3 日本最早的郊外公園
井之頭恩賜公園
Inokashira Onshi Koen

✉東京都武藏野市御殿山1-18-31 ➡JR中央線、🚃京王井之頭線「吉祥寺」站南口(公園口)，步行5分鐘
MAP P.160

面積有臺北大安森林公園1.5倍的井之頭恩賜公園，距離東京鬧區有些距離，看似平凡，在400多年前可是肩負供應「飲用水」的重任。繁華江戶背後有著缺乏乾淨水源的煩惱，德川家康看上擁有豐沛清澈水源的井之頭一帶，這裡因而成為「神田上水水源地」，直到明治時期政策調整才卸下供水的任務。

∧公園內的御茶之水，是德川家康認證的泡茶專用飲水

┃參┃觀┃重┃點┃

Check 1 　　鴨子船

青春洋溢的划船樂，伴隨著不負責任的傳說。傳言一起踩鴨子船的情侶十之八九會分手，根本試煉場來著。划船到底得罪誰了呢？總之有許多想打破謠言的人持續挑戰中，也有人會特地安排來這裡醞釀分手。

∧如果情侶踩鴨子船會分手，那親子組又會如何呢？？

井之頭池

因將軍德川家光前來狩獵,發現池水乾淨無比,命之為「井之頭」,意為井水的源頭。因為湧水點多達7個,在古時有七井之池的稱號,中間的橋正是七井橋。池塘寬闊,水質優異,生態環境豐富,有股讓人走入就不想離開的魅力。

1.在池塘欣賞四季替井之頭公園披上的彩衣,來過一次就會有第二次 / **2.**井之頭池周邊超過200株風姿綽約的櫻花樹 / **3.**遇到跟著天氣外出寫生的路人

井之頭弁財天

神話七福神之一的弁財天掌管藝術與財富。據說在這裡清洗銅板,能得到錢滾錢的好運氣,霸氣拿出一疊紙鈔洗錢的日本人不少喔,我也跟著體驗合法洗錢!七福神有哪七尊?除了弁財天、惠比壽、善國寺供奉的毘沙門天,一般還有大黑天、布袋、壽老人與福祿壽。

1.井之頭弁財天的紅色外表很吸睛 / **2.**弁財天繪馬。神啊,請賜我錢財 / **3.**洗銅板祈求財源滾滾,紙鈔也適用

15:05 ~ 16:40

一票兩用 實在划算

[4] 就是愛Nature
井之頭自然文化園
Inokashira Shizen Bunkaen

http://www.tokyo-zoo.net/zoo/ino ✉東京都武藏野市御殿山1-17-6 ☎0422-46-1100 ⏰09:30～17:00(售票至16:00) 休週一、12/29～1/1 💰成人￥400(海外觀光客出示護照￥320),12歲以下免費。5/4、5/17與10/1免費入場 ➡從井之頭恩賜公園沿指標往西,步行約5分鐘 MAP P.160

一票通吃水生物園與動物園,如同迷你井之頭生態區,尤其是「水生物館」透明玻璃的設計,展示種類多元的淡水生物(魚類、兩棲

∧自然文化園不分年紀,只要對大自然有興趣的人都適合

類、水生昆蟲與植物)。感受自然知性魅力又可以體驗親手撈魚。動物園的好評景點「松鼠小徑」,少了籠子的距離感,機靈的松鼠就在眼前奔來跑去,讓看的人也跟著興奮起來,建議帶個望遠鏡,說不定可看到松鼠爸媽正在照顧小松鼠的全家福。

太陽下山後的口琴橫丁
是菸與酒的世界

⑤ 真實的東京夜生活
口琴橫丁
Harmonica Alley

✉東京都武藏野市吉祥寺本町1-2 🚃JR中央線、🚃京王井之頭線「吉祥寺」站北口，步行1分鐘 🗺P.160

吉祥寺站北口前面的區域，橫丁狹窄的程度連我都忍不住縮肚閉氣。拱廊內的小店們像是口琴簧片整齊劃一。白天的口琴橫丁生活感濃厚，泛黃牆壁與裸露電線帶著懷舊感。入夜後跟著紅通通的燈籠，喝完這家接著下一家，熱鬧正要開始。

1.因月光復活的口琴橫丁熱鬧滾滾 / 2.エプロン是關西風的關東煮，魚漿製品是店家自豪之作 / 3.太陽升起就是居酒屋休息之時 / 4.白天的口琴橫丁以販售蔬果日用雜貨為主

天婦羅不是日本人發明
豆知識

說到炸物天婦羅，大概十之八九的人會認為它是日本代表食物，其實天婦羅真實身分可是舶來品。最早由葡萄牙傳教士在16世紀大航海時代帶入日本。當菜籽油在江戶時代開始普及，天婦羅搖身一變，成為經濟實惠的街頭小吃，從將軍到平民百姓無一不愛的香酥天婦羅。傳說一統天下的德川家康之死與不忌口吃天婦羅有關。

17
18
19
20
21
22
23
00

※ 不讓顧客失望的職人堅持

小ざさ
Kozasa

豆沙餡有兩種（紅與白），帶著顆粒的紅豆餡讓人驚喜

🌐www.ozasa.co.jp ✉東京都武蔵野市吉祥寺本町1-1-8
📞0422-22-7230 🕐11:00～19:30 休週二 MAP P.160

　　超迷你的一坪店鋪、兩種商品，如何創造三億年收？限量又限購的走過45個年頭，祕訣全在老板娘的匠人之心，專注地讓有生命的紅豆在炭火上熬煮時散發紫色光芒。

　　甜點「最中」（もなか）的外型有如可愛蘑菇設計，糯米製的餅皮看似簡單輕薄卻非常費工，歷經碾米、蒸熟、烘烤等過程才完成。夾著老板娘用心提煉的紅豆餡，帶著透明感，甜味高雅有層次。

1.費時10.5小時的夢幻羊羹每日限量150個，清晨4點來排隊才有機會買到／**2**.最中是平安時代皇室的點心，最早是為了賞月而製成圓形

※ 怎麼可能一生只吃一次

スパ吉
Supakichi

帶點辛辣的奶香明太子花枝讓我眼睛為之一亮

✉東京都武蔵野市吉祥寺本町1-1-3
📞0422-22-2227 🕐週一～五11:00～16:00，18:00～22:00。週末與假日11:00～22:00 MAP P.160

　　新鮮的手工義大利麵，比寬版麵條再粗一些的麵條吃起來紮實有勁道。特別是店家開發的創意和風口味，不管是奶香明太子花枝（明太子とイカ）、加了莫扎瑞拉乳酪的新鮮茄醬佐培

1.炸茄子與自製蕃茄醬的雙茄組合好吃，茄醬走過癮重口味的路線／**2.**店內座位不到20張，進店後先買餐券再上2樓候位

根茄子（揚げナスとベーコンとモッツァレラチーズのトマトソース），還是青蔥鮮菇雞味噌（三種のきのこの鶏味噌パスタたっぷりの青ネギのせ）都大受歡迎。廚房為開放式，等餐點時可以邊看師傅下麵。午餐附沙拉千元有找，一開動就停不下來。

17:25 ～18:55

天丼(梅)舞茸上
還有兩隻蝦

[6] Made in Tokyo的美味
金子屋 吉祥寺店
Kanekoya

📮東京都武蔵野市吉祥寺本町2-4-17(2樓) 📞0422-20-4008 🕐11:00～22:00 🈺不定休 ➡JR中央線、🚇京王井之頭線「吉祥寺」站北口，步行5分鐘 🗺P.160

　　與關西天婦羅相比，關東天婦羅的祕訣在於加了雞蛋的麵糊與芝麻油，炸至焦黃是特色。獨門江戶前蓋飯的祕方流傳至今，在金子屋飄香呈現。每天新鮮採買的食材都濃縮在一碗丼飯裡，現炸穴子(鰻魚家族之一)、鮮蝦與烏賊，在煮好的米飯上擺了半熟蛋，淋上店家自豪醬汁，開動前灑一點來自京都的黑七味粉，手搓山椒與芝麻的香味，讓人持續胃口大開。

1.金子屋店門口，就算看到排隊人潮也不要放棄 / 2.撒上京都黑七味粉，最後戳破半熟蛋替天丼畫下完美句點

Goal 19:00 ～21:00

想知道這杯Sangria的調酒配方，因為太好喝了

[7] 用音樂點燃靈魂之夜
Sometime
爵士酒吧

🌐www.sometime.co.jp/sometime 📮東京都武蔵野市吉祥寺本町1-11-31(地下1樓) 📞0422-21-6336 🕐11:00～23:00，表演時間與票價見官網 💲票價依場次而定，不含酒水，低消一杯飲料 ➡🚃中央線、🚇京王井之頭線「吉祥寺」站北口，步行5分鐘 🗺P.160

　　吉祥寺有間酒吧適合夜晚，外觀隱密內部熱絡，因旋律而聚在一起的人們，喝著飲料隨著音樂搖擺或輕敲著指頭。Sometime是奠定吉祥寺爵士樂的老牌店家，從開業至今，在眾人努力下即使歷經店主離世，格調也從未改變。吉

1.骨董風格的酒吧，是以音會友的另類時空 / 2.伴隨日本搖滾新浪潮興起的Live House音樂表演在吉祥寺隨處可見

祥寺素有「藝術創作者集散地」美稱，有這般高水準又親民的酒吧也讓人不意外！

港灣巡禮，乘載近代西化的日本第一。

橫濱
yokohama

橫濱！我來了！仰慕關東地區最理想居住街區冠軍，來到這座充滿夢想與希望的城市。早上先從日本第一條吐司誕生的烘焙坊開始，再到「合味道紀念館」製作屬於自己的絕品杯麵。於海港享用現點現做的迴轉壽司，想像江戶時代流傳後世的美食握壽司，在時代演變中如何成為日本代表飲食。飯後的歷史巡禮，從「紅磚倉庫」這個時下文青族群最夯的聖地開始。守護這裡的「橫濱三塔」，各自有代表的過去與未來；在「神奈川縣立歷史博物館」中走過各個展廳，一步步拼湊出完整的橫濱。晚餐來到野毛地區品嘗日本首創的洋食拿坡里義大利麵。登上「橫濱地標塔」69樓空中花園大開眼界。你知道嗎？華麗二字根本不足以形容橫濱的夜晚。只有親身感受，才是真圓滿。

Route 10 行程計畫
港灣巡禮，
乘載近代西化的日本第一。

09:00 ~ 09:35

Start

1 ウチキパン

 步行至「元町・中華街」站搭乘港未來線，於「港未來」站下車，通過國際橋即可抵達，約25分鐘

10:00 ~ 11:30

2 合味道紀念館

 往南走至Yokohama World Porters，走5分鐘

11:35 ~ 13:05

3 まぐろ問屋 三浦三崎港

 出World Porters正門左轉，經萬國橋，走10分鐘

13:15 ~ 13:45

4 横濱紅磚倉庫

 往南通過新港橋，走5分鐘

13:50 ~ 14:20

5 横濱三塔

 往西沿著本町通走5分鐘，往南沿著馬車道走5分鐘

14:35 ~ 15:05

6 馬車道十番館

 出店門走到下一個路口，遇到馬車道左轉直行，約5分鐘

15:10
~
17:00

7 神奈川縣立歷史博物館

19:05
~
19:35

Goal

9 橫濱地標塔展望台

往西沿著本町通走過弁天橋走8分鐘,再往南走7分鐘

一日 花費	ウチキパン吐司	330
	合味道紀念館	800
交通未計 幣值日圓 含稅	まぐろ問屋 三浦三崎港	1,420
	馬車道十番館	1,480
	神奈川縣立歷史博物館	300
	センターグリル	750
	橫濱地標塔展望台	1,000
	Total	6,080

Route
10

17:15
~
18:45

8 センターグリル

往北沿著野毛小路至天橋,下橋後繼續走至櫻木町站前廣場,沿著天橋(有電扶梯)即可抵達,步行約20分鐘

交通對策

　　從東京都心前往橫濱市有多種交通方式,包括JR各線、**東急電鐵東橫線**、**京急電鐵京急本線**等。先搭車至橫濱車站,再轉乘橫跨橫濱市關內、港未來等街區的**港未來線**。其中澀谷發車的東急東橫線與港未來線直通運轉,可直接搭車從澀谷至「元町·中華街」站都不用搬車,而且票價比搭乘JR還便宜喔!

製表/老蝦

地點	列車	時間	費用
東京→品川→橫濱	JR 京濱東北線、上野東京線、東海道本線、橫須賀線	30~40分鐘	￥470
新宿→橫濱	JR 湘南新宿線	30~50分鐘	￥550
池袋→澀谷→橫濱	東急東橫線與東京地下鐵副都心線,直通運轉	40分鐘	￥470
淺草→橫濱	京急本線 (往三崎口) 與都營地下鐵淺草線,直通運轉	50分鐘	￥580
橫濱→元町·中華街	みなとみらい線	8分鐘	￥210

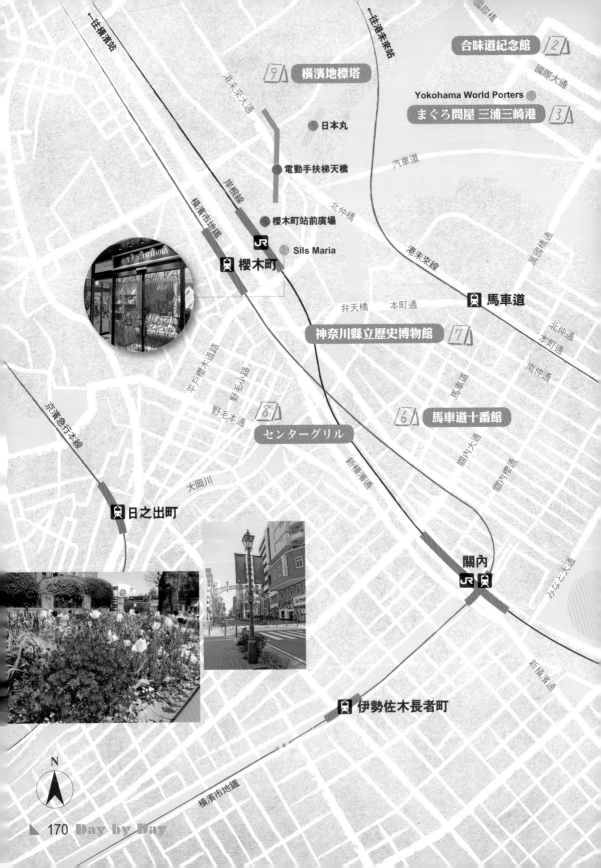

一往橫濱站

一往港未來站

港未來大通

合味道紀念館 [2]

國際大通

9 橫濱地標塔

Yokohama World Porters

まぐろ問屋 三浦三崎港 [3]

日本丸

岸根線

汽車道

電動手扶梯天橋

橫濱市博線

北仲橋

港未來線

萬國橋通

北仲通

本町通

櫻木町站前廣場

JR
Sils Maria

JR 馬車道

本町通

弁天橋

本町通

JR 櫻木町

神奈川縣立歷史博物館 [7]

馬車道

南仲通

平戶櫻木道路

野毛小路

京濱急行本線

野毛本通

6 馬車道十番館

8

センターグリル

關內大通

大岡川

新橫濱通

關內豐通

關內通

JR 日之出町

新橫濱通

關內

JR JR

みなと大通

みらい

JR 伊勢佐木長者町

新橫濱通

N

橫濱市地鐵

橫濱

自幕府末期被迫開港以來，橫濱以驚人速度展開現代化的腳步，不僅擠身為交通發達的國際港口都市，對外來文化也相當有包容力。氣派挑高的洋化建築、馬車道上醒目的煤氣燈、數個占地面積寬廣的公園，加上離羽田機場30分鐘的便利性，難怪深受日本與海外觀光客喜愛。在這裡遇到不少日劇同好跟著《月薪嬌妻》場景走，畢竟很多日劇選在橫濱拍攝啊！

二號館

一號館

4 橫濱紅磚倉庫

新港橋

大棧橋

海岸通

5 橫濱稅關 Queen

象鼻公園

5 神奈川縣廳 King

山下公園

5

橫濱市開港紀念會館 Jack

冰川丸

本町通

日本大通

大棧橋通

山下公園通

水町通

海岸教會通

港未來線

橫濱公園

開港道

蘇州小路

橫濱人形之家

元町・中華街

福建路

長安道

中山路

市場通

上海路

中華街

太平道

西門通

岸根線

元町商店街

代官坂通

ウチキパン

港見丘公園

元町川岸通

元町通

元町仲通

新橫濱通

JR 石川町
（元町・中華街）

山手十番館

迷人啤酒香，老顧客回購至少三次，因為跟英國人學藝又稱英格蘭麵包

日本吐司先驅
ウチキパン
Uchikipan

http www.uchikipan.com ✉神奈川縣橫濱市中區元町1-50 ☎045-641-1161 🕐09:00～19:00 休週一 💴吐司一條約￥360 ➡️🚇港未來線「元町・中華街」站，元町口步行2分鐘 MAP P.171

日本吐司的起源，也是橫濱最老的麵包店。創業超過130年，口味始終如一。鎮店之寶非「イングランド」英格蘭吐司莫屬。以前酵母取得不易，創始人想到用啤酒花代替酵母，需要

自然發酵，吐司外脆內鬆軟，一小口就能感受濃烈啤酒

1.店鋪就在元町的轉角處，第一次吃到吐司的感想是「住橫濱真好」/2.奶油麵包也非常好吃/3.手工蘋果派，邊吃邊留意隨時會掉出的蘋果片

花香。除了啤酒花、小選用馬鈴薯、麵粉、麥芽與蘋果汁等良材，做上繁複每天出爐兩回（9點與11點），務必早點來。其他如北海道雜糧麵包、鹽味餐包，以及滿滿蘋果餡的蘋果派也很好吃！是少數讓我動念全部獨享的麵包店。

10:00 ~ 11:30

超過3,000包泡麵的歷史軌跡,就像回顧自己從小到大吃的泡麵歷程,好懷念

親手製作一碗泡麵吧!

合味道紀念館
Cupnoodles Museum

🔗www.cupnoodles-museum.jp,點選YOKOHA-MA ✉神奈川縣橫濱市中區新港2-3-4 ☎045-345-0918 🕐10:00~18:00(17:00最後入館) 休週二 💲￥500,高中生以下免費。杯麵製作一杯￥300、拉麵製作每人￥500 ➡🚉港未來線「港未來」站下車,Queen's Square橫濱出口步行8分鐘 🗺P.170

1.位於橫濱的合味道紀念館 / 2.自己做的泡麵味道特別好、料也特別多,每一種配料看起來都好好吃

如果沒有日清泡麵創辦人安藤百福,就沒有現在的宵夜泡麵。如果沒有合味道紀念館,就無法親自體驗做出屬於自己泡麵的美妙。來自臺灣嘉義的創辦人安藤百福,因為二戰後饑荒,致力研發快速、方便又吃得飽的麵食以貢

獻社會。甚至太空食物宇宙拉麵也出自安藤之手。在96年生涯中顛覆世界飲食文化,有「泡麵之父」尊稱,尤其百福放映廳的動畫,充分展示其「堅持到底,絕不放棄」的精神。

最受歡迎合味道體驗是「合味道工廠」杯麵製作。消毒雙手後在杯子上揮灑創意,選擇湯頭口味(推薦海鮮口味)與4種配料,無人取代的創意杯麵大功告成。另外有可以現場報名的拉麵工坊,效仿世界最初的雞汁拉麵,揉出你的獨家成品。紀念館正門口旁的販賣部,有販售日本航空限定的夢幻泡麵「JAL de Sky」,是逛這裡的另一種驚喜!

!!! CUPNOODLES MUSEUM

入座點餐開動！離開時再根據盤子的數量與顏色結帳

迴轉壽司的一盤壽司正是兩個

3 現捏握壽司的溫度

まぐろ問屋 三浦三崎港

Magurodonya Miuramisakikou

http www.neo-emotion.jp/kaitensushi ✉ 神奈川縣橫濱市中區新港2-2-1 ☎ 045-222-2161 🕐 週一～五11:00～21:00，週末與假日10:30～21:00 🚇 港未來線「馬車道」站4號出口，步行8分鐘 MAP P.170

　　海鮮直送對迴轉壽司來說已經不稀奇，這家迴轉壽司最棒的是師傅在接到點單後現捏直送到你面前。在迴轉壽司的世界，牆上菜單是基本款，行家則是直接跟師傅點餐。憑著壽司職人精準的眼光，每日菜單會依照季節與漁獲進行調整，尤其三浦三崎港是鮪魚批發商，在此用親民價格就能享受高品質漁獲。不曉得現在當季的漁獲是什麼沒關係，請師傅推薦今天最棒的料理就對了！

1.厚切的炸章魚腳鮮甜又有嚼勁 / 2.與橫濱同樣位在神奈川縣的三浦三崎港，是店名，也是知名海鮮產地

豆知識

為什麼壽司一盤有兩個

　　握壽司起源江戶，當時的壽司大小是現在的兩倍，以我小嘴的程度無法一口吞。隨著時代變遷，現在握壽司小巧方便入口。為求視覺上氣派，通常一盤盛兩個成對壽司。至於壽司菜單上的一貫到底是一個還是兩個？待看店家如何解讀。

握壽司推薦魚材中日文對照

鮪魚／まぐろ	鯛魚／たい	甜蝦／甘えび
赤身／あかみ	星鰻／あなご	鮭魚卵／いくら
中腹／中トロ	紅甘／間八	海膽／うに
大腹／大トロ	比目魚／ひらめ	文蛤／はまぐり

為保留歷史記憶，倉庫改建時所用材料也盡量以創建時的素材為主

經典地標與文青商圈表率

橫濱紅磚倉庫
Yokohama Akarenga

🌐www.yokohama-akarenga.jp ✉神奈川縣橫濱市中區新港1-1 ☎045-211-1515 🕐一號館10:00～19:00，二號館11:00～20:00 🚉港未來線「馬車道」站4號出口，步行8分鐘 📍P.171

　　橫濱經典地標絕對是紅磚倉庫。最初因為國家保管海關品倉庫的需求，興建了紅磚倉庫，二號館與一號館陸續於1911和1913年完工，全長150公尺的煉瓦造建築，配備全日本最早的

1.橫濱紅磚倉庫 / 2.每年10月都會舉辦橫濱啤酒節 / 3.情侶通往幸福大門的大鐘 / 4.巧遇鬱金香盛開，連花兒都與紅磚倉庫爭奇鬥豔起來

運貨電梯與消防水龍頭等。如今，紅磚倉庫已卸下倉庫任務，成為文青商圈，每逢假日擠滿遊客，就為了一探這個榮獲聯合國教科文組織亞太文化資產保護獎（UNESCO Asia-Pacific Heritage Awards for Culture Heritage Conservation）的真面目啊！

橫濱必嚐名物

橫濱人的心靈美食
崎陽軒 Kiyoken

🌐 www.kiyoken.com ✉ 紅磚倉庫二號館1樓(另有其他門市，請上官網查詢) 🕐 每日11:00～20:30

　　橫濱人心中難以撼動的家鄉味，販售超過百年的燒賣便當。靈感來自橫濱中華街，加入大量豬肉與干貝的特製豪華燒賣，比起熱食，放涼吃更夠味。橫濱名產招牌燒賣便當(シウマイ弁当)不只有燒賣，搭配十幾種配菜以及冷食口感更Q的蒸煮米飯，活像火車便當的滿漢全席。紅磚倉庫門市亦提供限定的紫米紅磚燒賣。

1.古早燒賣便當(昔ながらのシウマイ)，附上限定的醬油瓶，有各種不同的表情，非常可愛 / 2.帶著便當搭車的時光更令人雀躍 / 3.該從哪一口開始吃起？真是愉快的煩惱

日本冰淇淋元祖
橫濱馬車道冰淇淋
Yokohama Bashamichi Ice

✉ 紅磚倉庫二號館1樓有內用店鋪，冰淇淋攤車在3～11月的週末假日於紅磚倉庫前廣場出沒 🕐 每日11:00～20:00

　　明治初期誕生的冰淇淋，僅使用雞蛋、牛奶與糖三種原料。相較現在隨處可見繽紛、配料多的冰淇淋，冰淇淋元祖顯得樸實又單純。雖然已回不到明治初期，但仍可在橫濱找到復刻版的古早味，口感很像臺灣小美冰淇淋的剉冰版。除了原味卡士達，也有牛奶卡士達、芒果口味，還可以加價購買草莓果醬喔！

1.日本冰淇淋的古早味原來如此清爽 / 2.紅磚倉庫外的冰淇淋攤車比內用店鋪便宜些

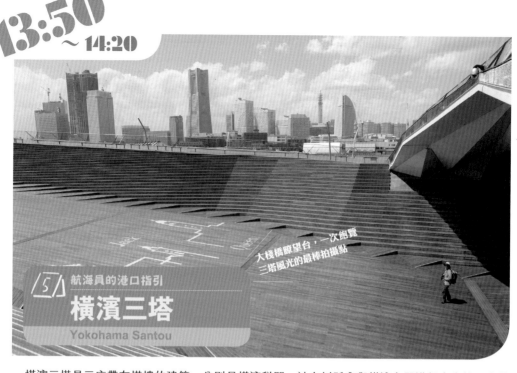

大棧橋瞭望台，一次飽覽
三塔風光的最棒拍攝點

5 航海員的港口指引
橫濱三塔
Yokohama Santou

　　橫濱三塔是三座帶有塔樓的建築，分別是橫濱稅關、神奈川縣廳與橫濱市開港紀念會館，坐落在日本最早的西洋式道路「日本大通」附近。為簡化名稱，用撲克牌的Queen、King與Jack做別名，並且從昭和時代開始暱稱橫濱三塔，無疑是橫濱港的精神象徵。

※ 橫濱指定歷史建築
橫濱稅關 *Queen*
Yokohama Zeikan

http www.customs.go.jp/yokohama/ ✉神奈川縣橫濱市中區海岸通1-1 ☎045-212-6053 ◷10～4月10:00～16:00，5～9月至17:00 休年始年末、不定休 ⑤免費 ➡港未來線「日本大道」站1號出口，步行4分鐘 MAP P.171

　　橫濱開港後隨即成為日本貿易中心，因為產業發展與文化交流，日本也跟著港口走向近代化與貿易。這棟有著伊斯蘭教圓形屋頂的Queen，如皇后般形象，也在橫濱市認定的歷史建造物名單上。與臺灣海關一樣，保護國民生活安全，不只是管理進出口商品，更透過各種工具防止對國家與環境有害的走私物品。

1.經歷關東大地震，於1934年重建，是鋼筋鐵造的5層樓建築，Queen是三塔中最高建築(51.46公尺) / **2**.館內提供海關工作體驗，操作纖維鏡與金屬探測器來找可疑物品

神奈川縣廳 *King*
Kanagawa Kencho

✉神奈川縣橫濱市中區日本大通1 ☎045-210-1111 ◎
週一～五08:30～17:15 ✖週末、假日、12/29～1/3 ⑤
免費 ➡🚃港未來線「日本大道」站1號出口，步行2分鐘
📍P.171

　　日本大通上有一座看似帶著皇冠的建築，它
就是橫濱三塔的King，神奈川縣行政機關所在
地，也是神奈川縣第一座登錄日本文化廳「有
形文化財」的建築物。關東大地震後的1928年
落成，不只是當時最高的地標，也成為船隻航
行的重要標記。平日可以上6樓的歷史展區與

∧一般說的建築King是神奈川縣廳本廳舍，整座建築外觀以
洋房為基礎再添加日式元素

頂樓展望台，如果跟著導覽志工四處參觀，還
能瞄一眼市長辦公室的外觀。

橫濱市開港紀念會館 *Jack*
Yokohamashi Kaiko Kinenkaikan

🌐ppt.cc/fjIaix ✉神奈川縣橫濱市中區本町1-6 ☎045-
201-0708 ◎10:00～16:00，可參觀走廊、階梯與彩繪
玻璃窗。每月特別日開放時間10:00～18:00，可額外
參觀講堂與會議室，日期詳見官網 ✖每個月第四個週
一，12/29～1/3 ⑤門票與導覽免費 ➡🚃港未來線「日
本大道」站1號出口，步行1分鐘 📍P.171

遊玩鐵則

　　想攻頂？每年6/2開港紀念
日開放參觀Jack塔樓，限量
300人，門票含保險￥100，
爬上117個階梯即可達標。

　　白花崗岩與紅磚交疊的
外牆似乎有點眼熟，原來
與東京車站（P.86）神似，
華麗的外觀果然出自辰野
式設計。為紀念開港50
週年於1917年建造，是市議會大樓，也是政商
名流舉辦沙龍的場地。如今除了開放展廳參觀
外，部分樓層做為會議空間之用。最引人注目
的是玻璃花窗，最初由宇野澤ステインド硝子工

場製作，歷經
關東大地震燬
毀之後，1927
年才再現世人
眼前。

1.天花板吊燈基座是橫濱市
花玫瑰 / 2.36公尺高的鐘樓
是重要地標，即便曾毀壞過，
日本人致力重建，精神值得
學習 / 3.1樓展演廳的鋼琴開
放民眾預約、練習 / 4.彩繪花
窗上畫的是1853年黑船來襲
後、隔年再訪的蒸氣船之一
USS Powhatan(ポーハタン)

14:35 ～ 15:05

手沖咖啡 ￥630

6 再現明治時期的西洋建築
馬車道十番館
Bashamichi Jyubankan

🌐www.yokohama-jyubankan.co.jp ✉神奈川縣橫濱市中區常盤町5-67 📞045-651-2621 🕐1樓茶館與商品部10:00～22:00，2樓酒吧16:00～23:00，3樓餐廳11:00～22:00 ❌12/31～1/2、2/21 ➡港未來線「馬車道」站5號出口，步行4分鐘 🅼P.170

陽光透過彩色玻璃映照在室內，營造出優雅氣氛，這裡是熱門午茶地點。推開大門就像時光倒轉，彷彿橫濱開港迎接西方文化的熱鬧情景在眼前開展，待在裡頭喝杯咖啡都覺得成為了紳士或淑女。皇家布丁是主廚自豪的作品，以焦糖布丁象徵橫濱紅磚，搭配新鮮水果點綴，將橫濱特色都濃縮在這道甜點裡。

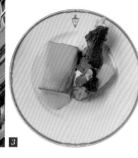

1.館外的牛馬飲水槽，是1917年由神奈川動物保護協會設立給牛與馬的休憩所 / 2.馬車道上的煤氣燈來自英國 / 3.皇家布丁(十番館プディング ロワイヤル)，￥850

15:10 ～ 17:00

橫濱也有設計美人魚圖案的地磚

7 前身是舊橫濱正金銀行本行
神奈川縣立歷史博物館
Kanagawa Prefectural Museum of Culture History

🌐ch.kanagawa-museum.jp ✉神奈川縣橫濱市中區南仲通5-60 📞045-201-0926 🕐週二～日09:30～17:00(16:30最後入場) ❌週一(若週一為假日則營業) 💲成人￥300 ➡港未來線「馬車道」站3號出口，步行1分鐘 🅼P.170

巴洛克建築強烈的色彩、華麗的雕刻與裝飾，與博物館的身分十分相稱。展出內容包含遠古時代的神奈川縣各地遺跡、鎌倉時期關東地區的平民生活、江戶時代的街道樣貌，到面

向全世界的橫濱港口。逐漸模糊的傳統文化史料，在百年歷史的博物館內栩栩如生向世人展現。出土文物保存的完整度讓人驚豔，也讚嘆縣廳對文物考究非常用心。

1.建築物由明治建築師妻木賴黃(1859～1916)設計 / 2.館內的文物展示
(1.2.圖片提供 / 神奈川縣立歷史博物館)

讓你的橫濱之旅更完美

山下公園 Yamashita Koen

➡️🚇 港未來線「元町‧中華街」4號出口，步行5分鐘
🗺️ P.171

　　來到橫濱，除了開闊的海港、寬敞的街道、大器的建築與熱心的居民讓我留下美好印象之外，美麗的山下公園也充滿吸引力。

　　關東大地震後，用地震殘留的瓦礫打造，以復甦之姿開放的山下公園，占地廣闊，人多也不覺得擁擠。藍天、海景與綠地如此毫無保留地擁抱著每一位到訪者，每人臉上的放鬆微笑就是最棒的評價。公園噴水池中央有橫濱姐妹市美國聖地牙哥致贈的水之守護神，靠近LAWSON便利店則有日本印度協會感謝日本所致贈的印度風格水塔。

　　可以的話，就安排春天來山下公園欣賞鬱金香，與橫濱市花玫瑰的風采吧。尤其這裡有超過60種品種的玫瑰，就等你備妥相機，拍下它們美麗綻放的倩影。

1.大片玫瑰熱情盛開，橫濱絕對列入愛花之人的拜訪清單 / 2.美國聖地牙哥贈與的雕像水之守護神(Guardian of the Water) / 3.日本印度協會致贈的印度水塔

日本海員孕育之地

日本丸 Nipponmaru

🌐 www.nippon-maru.or.jp ➡️🚃「櫻木町」站東口，步行5分鐘 🗺️ P.170

　　為培養日本海員，在1930年打造的海事訓練船，有「太平洋天鵝」的稱號。1984年退役前共培養超過1萬名海員，1985年對外開放至今，每個月一次號召揚帆志工的活動，吸引不少大小朋友共襄盛舉。此外，日本丸提供付費導覽，可參觀甲板與船艙(門票¥400)。

1.尚未開帆的日本丸好像竹籤做的船 / 2.日本丸每月一次的揚帆活動，需動用百位志工齊力將29張帆打開

17:15～18:45

番茄醬色濃厚，甜在嘴裡也笑在心裡

[8] 義大利沒有的義大利麵

センターグリル
Center Grill

🌐 www.center-grill.com ✉ 神奈川縣橫濱市中區花咲町1-9 ☎ 045-241-7327 🕐 週二～日11:00～21:00(20:45最後點餐) 🈺 週一(若周一為假日，則改週二休) 🚃 JR「櫻木町」站西口，步行10分鐘 🅜 P.170

　什麼料理讓小孩能大口吃下青椒與洋蔥？就是用番茄醬將配料炒得香甜入味的日本拿坡里麵(ナポリタン)！這款日本喫茶店才有的拿坡里麵，並非來自義大利，而是起源於橫濱。センターグリル的主廚在創業之初，為了讓更多人享用得起義大利麵，於是捨棄新鮮高價番茄，改用番茄醬。西洋風格的店鋪與輕鬆的氣氛受親子客群歡迎。小孩挑食嗎？來試試日式拿坡里麵管不管用。

1.除了拿坡里麵，歐姆蛋包飯也是店家拿手好菜，桌桌必點 / 2.日本第一家價格親民、又廣受歡迎的拿坡里麵，滋味甜鹹兼具，老少咸宜

Goal 19:05～19:35

橫濱特色名產之一，穿水手服的紅鞋女孩

圖片提供／許志忠

[9] 這裡有日本第一快的電梯

橫濱地標塔展望台
Yokohama Landmark Tower Sky Garden

🌐 www.yokohama-landmark.jp/skygarden ✉ 神奈川縣橫濱市西區港未來2-2-1 ☎ 045-222 5015 🕐 一般10:00～21:00。連假的週日、暑假、黃金週、聖誕節等日10:00～22:00(閉館前30分鐘最後入館)。年始年末有特別營業時間 💲 成人￥1,000，65歲以上與高中生￥800，中小學生￥500，4歲以上幼兒￥200 🚃 JR「櫻木町」站東口，往站前廣場電扶梯步行5分鐘 🅜 P.170

1.橫濱地標塔大樓，外型靈感據說是日本傳統枕，像嗎？ / 2.單看橫濱的白天未免遺憾，夜幕低垂又是另一番活力

　琉璃璀璨的都市縮影都在地標塔夜景。搭乘每分鐘750公尺的電梯穩定舒適地直達69樓空中花園(Sky Garden)，只花40秒，眼睛都沒眨幾次就到了！絢爛流彩的霓虹燈讓人不禁屏氣凝神，離地273公尺高的360度觀景台，每個角度都是唯一。能見度高的時候還可遠眺富士山與伊豆半島。在夜景中盡賞橫濱的繽紛夜景，再次為這座美麗的城市喝采！

H otels
東京主題住宿情報

既然都要過夜，就要住得與眾不同。網羅東京特色旅館，住過絕對難忘。

圖片提供／株式会社 HAGI STUDI

1 TSUTAYA BOOK APARTMENT
在最美書店過夜不是夢

彷彿跟家裡一樣舒適的書店公寓。不管是工作間、閱讀區、充電區一應俱全，還可以免費借iPad。提供女性專用樓層與專用化妝間，休息時間以1小時為單位，全天候24小時營業，是搭紅眼班機之前悠晃舒服的好選擇。

$ ￥500／每小時每人，週末與假日￥700／每小時每人
➡ 新宿站

官網

>TSUTAYA BOOK APARTMENT地處熱鬧新宿

2 Haneda Excel Hotel Tokyu
房內就有飛機駕駛艙

航空愛好者有福了，位於羽田附近的這家旅館（日文：羽田エクセルホテル東急）提供讓人體驗機師駕駛的設備。在高級駕駛艙客房附有波音737飛行模擬器，可預約90分鐘從東京到大阪的航程。覺得不夠過癮？那就指定入住駕駛艙客房吧！

$ ￥18,000起／雙人房
➡ 羽田機場

官網

3 Hotel 1899 Tokyo
日本茶無所不在

位在東京鐵塔附近。以茶報到，入住手續在茶室辦理，房間色系是讓人沉靜的茶色，沐浴備品更加入綠茶成分，世界獨一無二。記得留充足的時間享受將近500年歷史的京都老牌枕頭！自助早餐更不用說，非常茶啊！

$ ￥16,000起／雙人房
➡ 御成門站

官網

4 MUJI HOTEL Ginza
到無印良品住一晚

日本第一間無印良品旗艦店旅館。大廳不只有日本第一家的MUJI LOUNGE酒吧、早餐區與休息處，還會定期舉辦講座活動。房間內一此無印心（採用無印良品產品），飯店細心提供的小驚喜等你探訪。

$ ￥19,000起／雙人房
➡ 銀座站

官網

5 Henn na Hotel Tokyo Ginza

AI假人為你接風洗塵

　　在這裡你找不到真人服務，旅館櫃檯的機器人姊姊十分萬能，還會說中文。房內的烘乾機兼具衣物除臭、除皺、除菌等功能讓人驚豔。旅館給人的新鮮感加上划算的價格，沒有不住的理由。

$ ￥13,500起／雙人房
➡銀座站　　　　　　　　　　　官網

∧ Henn na Hotel外觀　　∧ Henn na Hotel的櫃檯小姐
(本介紹圖片提供／変なホテル)

6 hanare

The whole town cab be your hotel

　　沒聽過哪座小鎮就是你的旅館吧！獲得日本Good Design獎，不只提供旅客休憩場所，亦結合在地體驗，如錢湯、人力車、和服、尺八等，縮短觀光客與當地人的距離。悠哉日式風情，建議至少住兩晚以上。

$ ￥11,000起／雙人房
➡日暮里站　　　　　　　　　　官網

∧ hanare的外觀　　∧ 有在外婆家住的感覺
(本介紹圖片提供／株式会社 HAGI STUDI)

7 Bamba Hotel

東京最小的町家旅館

　　1945年木造建築，保留古時外觀，內裝設計別出心裁的選用懷舊和洋系家具達到整體和諧。日式矮桌與坐墊，直接在榻榻米上入睡。最多可住5人直接包棟。對了！只要是老房子，隔音都不會太好，看到房內的免費耳塞請放心拿來使用。

$ ￥48,000起／雙人房
➡新馬場站　　　　　　　　　　訂房網

8 Hotel New Otani Tokyo

東京飯店始祖

　　歷史悠久的老牌飯店，是日本為迎接1964年東京奧運的大規模建設之一，也是多國元首或是海內外貴賓的主要下榻旅館。能在房內俯瞰400年歷史的4萬平方公尺超大日式庭園景色，另類的君臨天下體驗。

$ ￥45,000起／雙人房
➡赤坂見附站　　　　　　　　　官網

9 MANGA ART HOTEL

漫畫看到飽的不夜城

　　全世界都瘋迷的日本漫畫有專門旅館！館內提供5千多本漫畫，並有漫畫迷老闆的貼心書評，而針對海外觀光客也提供英文版漫畫。男女樓層分開，一個人住也不尷尬。是說住在漫畫海裡面，真的還有辦法睡嗎？

$ ￥4,800起／人
➡新御茶之水站　　　　　　　　官網

東京旅遊工具箱

Information

了解東京的生活資訊、交通、簽證與購物，
讓旅行更輕鬆，縮短自己摸索的時間。

圖片提供／hanare

1 日常生活資訊
Daily Life Information
旅行常會碰到的事

居民性格

看似冷漠而且不主動伸出援手的東京居民，
此舉其實是給予他人距離感的尊重。不是他們
冷淡，而是出自不
習慣麻煩他人的反
射動作。問路時如
果遇到聽見「Ex-
cuse me」就逃跑
的日本人也不要難
過，記得改用「す
みません」（Sumi-
masen）當發語詞！

∧巧遇祭典上章魚吉祥物與小孩同樂

排隊用餐

想在東京吃到傳說中的美食，要有隨時排隊
的心理準備。如果可以，把用餐時間提前吧！
發現沒人排隊也不要竊喜，趕緊去櫃檯確認是
否要填單等候唱名！登記時請寫英文名字，店
員唱名時念不出口反而跳過就糗了。

∧在東京無處不排隊，連買個蛋也是

氣候與服裝

日本天氣普遍偏乾燥。出發前在日本氣象網
站tenki.jp查詢天氣預報，尤其春、秋天氣多變
之時更要提高警覺。tenki.jp還會教你如何穿衣
服、是否適合洗衣、晚上是否適合觀星，氣象
預報功能強大，是旅日必看網站。

∧寒流來襲的春天，對相撲力士們似乎不成威脅

時差

臺灣時間加1小時就是日本時間。務必注意
班機時刻均以當地時間為準，別因為1個小時
的時差而錯過飛機。

飲水

日本官方說法自來水可生飲，好不好喝見仁見智，畢竟牽扯到管線維護是否乾淨。東京自

來水氯味很濃，可以煮沸過再飲用。礦泉水還是很有市場，可以在超市買到超便宜¥60有找的2公升礦泉水，超商未稅價約¥100。

∧ 還是礦泉水比較合我的腸胃

抽菸

日本境內醫院、學校、行政機構與幼稚園均禁止吸菸。2020年4月起開始實施室內公眾場所禁菸，面積超過100平方公尺的餐廳亦禁菸，換言之小面積的餐館多半可吸菸。如果介意用餐時有二手菸，先上tabelog網站查詢該餐廳是否全面禁菸或分菸（餐廳內同時有吸菸區與禁菸區）。

∧ 街頭路旁的癮君子吸菸專區(圖片提供/許志忠)

插頭

日本電壓100伏特，插座為雙扁平腳。臺灣電壓則是110伏特。原則上短期旅行時，臺灣的電器在日本可以直接使用，不需要變壓器或轉接頭(三孔插頭則需要自備轉接頭)。但是在日本買的電器是否適用臺灣，無法保證。

電話撥打方式

從日本撥打至臺灣，手機直撥「+886」加臺灣市話(區碼0不需要)或行動電話號碼(第一碼0不需要)。從臺灣撥打到日本，手機直撥「+00281」加「區碼去0」，再加電話號碼。例如淺草寺03-3842-0181，即+00281-3-3842-0181。

網路

考慮團員們分頭行動或獨自一人走跳，可直接在臺灣購買網卡。商務需求、一個人至少有兩台以上手機和筆電者、喜歡大家共進退不可分離的玩家，首選絕對是網路分享器。至於公共場所提供的免費網路品質如何，不期不待，不受傷害。

保險

保險不是為了理賠，而是替自己的行程準備安心保障。必備旅遊平安險與旅遊不便險，尤其班機延誤、行李延遲、罷工，甚至班機取消等項目更要列入投保目標。只要保險公司核准，一個人可以投保兩家以上。

緊急醫療

根據時間、嚴重程度，所對應的醫療服務也不同。尤其不熟悉日文難以求助時，可以向旅館、旅客諮詢中心、警局、路人等出示「救急車を呼んでください」(請幫忙叫救護車)，或是掃描右側QR Code尋找離你最近而且可說中文的醫療診所。

**日本醫療機構
搜尋服務**

常用系統

東京都內交通系統有JR、東京地下鐵、都營地下鐵、其他私鐵（Route 6搭乘的百合海鷗號、Route 7搭乘的東急東橫線、Route 8的小田急小田原線），以及公車（都營巴士、私鐵巴士等）。

JR車站類似臺鐵，因為多半設置在地面上所以出口明顯。而東京地下鐵、都營地下鐵等入口類似捷運，車站設在地下而且出口非常多。都營地下鐵的軌道離地心比較近，趕時間的人請找電梯搭乘才是捷徑。

東京交通求生密技

密技 1 搭電車三不守則

■不需要熟讀東京所有鐵路系統。
■不要看到刷票閘門就刷票衝進去。
■不要期望車站或月台出口彼此相通。

密技 2 搭公車須知守則

■前門上車、後門下車；公車過站不會停。
■上車刷交通IC卡；投幣可找零。
■避免在車內講電話或大聲聊天。

密技 3 就算新手也能像老手

■**預先下載手機軟體「Ｙ！乘換案內」**：走路看Google Map，搭車靠「Ｙ！乘換案內」，整個東京暢行無阻。可快速查詢轉乘站別、搭乘方向、搭乘月台等，重點是車班資訊比Google精準太多。站名搜索欄位可輸入羅馬拼音，不會日文輸入法照樣可以使用。

■**尖峰時刻就鼓起勇氣奮力一擠**：如果想看日本人兇狠的一面，就在上班時間搭電車吧！上下班與末班車時的東京電車比沙丁魚罐頭還擁擠，人多到就算急煞也不會跌倒的恐怖等級，連呼吸都覺得難受。通常08:00～08:30是紅色警戒時刻，能閃就閃。

■**下車前決定好向左轉或向右轉**：大部分車廂會標記你所在的車廂位置，車廂內的跑馬燈就是明燈。有些車種，車廂內的螢幕會顯示每站下車後各出口方向與手扶梯的圖示。手機軟體「Ｙ！乘換案內」內亦可查詢。一到站就不用迷茫地在人群中驚慌失措，還被後方趕時間的人白眼。

交通Q&A

Q：刷票進站要注意什麼嗎？

A：看清楚再刷票，尤其閘門的文字說明。有些閘門僅限交通IC卡通行。

Q：轉車要注意什麼？

A：依照「Ｙ！乘換案內」指示。有時候轉車方式需要先出站再進站，請持票刷正確轉乘的閘門，若不確定就直接問站務員。

Q：車站內都有洗手間嗎？

A：不一定，如果在車站巧遇洗手間請趕緊利用。部分便利商店提供免費洗手間。

Q：為何從Google Map上發現地鐵出口距離下車處很遠？

A：這是真的，Google Map只會定位在車站中心，通常離目標出口很遠。在東京要有每天至少萬步的心理準備，會瘦。

Q：行動不便時怎麼辦？

A：日本號稱擁有全世界最強無障礙設施的國家，若行動不便，切莫自己忍耐。主動向站務員尋求協助，會讓旅行更輕鬆愉快。在規模較大的車站如淺草、有樂町等，也會有戴帽子的多國語言服務人員在車站售票口附近引導，有問題就趕緊上前吧！

3 出入境證件
Visa & Passport
進出海關最重要

簽證與護照Q&A

Q：可免簽進日本嗎？

A：持中華民國護照進入日本可享觀光免簽90天，護照效期在入境到出境之間有效即可使用。如果停留天數長，且進出境次數頻繁，結果遭日方拒絕入境，會留下不良記錄，還需支付警備費用。

Q：護照遺失怎麼辦？

A：先準備一份「警察署護照遺失報案證明」，連同證件影本（身分證、駕照、護照擇一）與彩色大頭照2張，到駐日經濟文化代表處辦理與護照同等效力的「入國證明書」，返台後再補發護照。

台北駐日經濟文化代表處
- http www.roc-taiwan.org/jp
- ✉ 東京都港區白金台5-20-2
- ☎ 03-3280-7811，緊急聯絡(日本境內直播)080-1009-7179、080-1009-7436
- 🕐 一般辦公：週一～五09:00～12:00，13:00～18:00 領務受理：週一～五09:00～11:30，13:00～17:00
- ➡ JR山手線「目黑」站步行10分
- ℹ 急難救助全球24小時專線：001-800-0885-0885

4 購物相關
Shopping & Tax Exemption
要精打細算，也要留意規定

購物與免稅Q&A

Q：旅遊者如何免稅？

A：在貼有免稅標誌(Tax Free)的商店，不分種類購物、單日單店滿¥5,000（未稅）以上，即可馬上退10%消費稅；在百貨公司或購物中心裡，多家店集合起來滿¥5,000（未稅）以上亦可退稅。持護照正本在店家專用的退稅櫃檯辦理手續，確認物品與收據金額無誤後簽名，完成退稅。

Q：免稅品需隨身進日本海關嗎？

A：免稅的液態物品在離境時須託運（隨身攜帶超過100毫升的液態物品會被要求丟棄）。離境通過日本海關時，將護照的退稅單撕下放入海關提供的箱子，完成退稅手續。

Q：可以帶多少藥妝回臺灣？

A：錠狀、膠囊狀食品每種最多12瓶（盒、罐、包、袋），合計不超過36瓶。總金額臺幣2萬元以內自用者，不用申報，直接走綠色通關。

∧ 連鎖店Big Camera什麼都賣

Q：哪些食品可以帶回臺灣？

A：真空咖哩包、全熟蛋、無內臟海鮮、人食用的罐頭、果乾果醬、明太子、泡麵等可攜帶入境。不確定者請走紅色通關讓檢疫人員過目，旅客通關24小時免費專線0800-311-006。

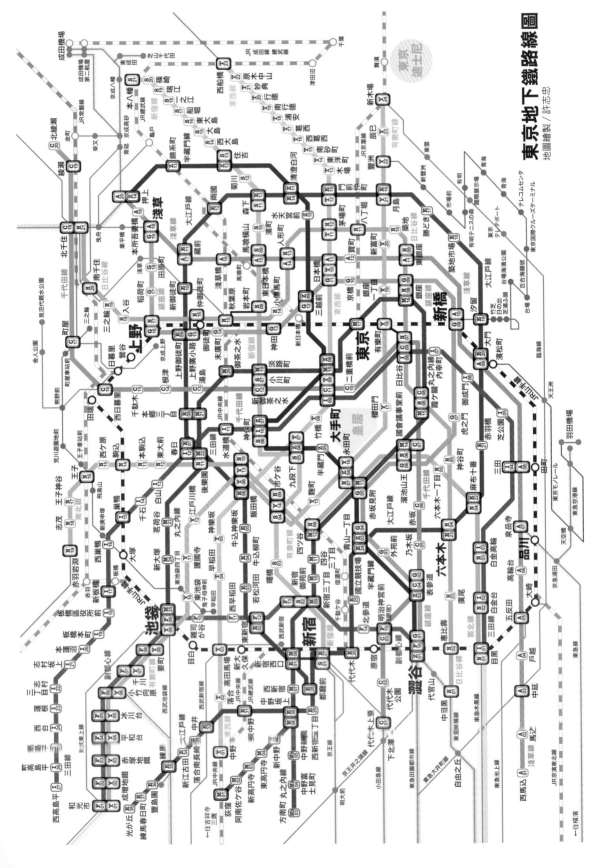

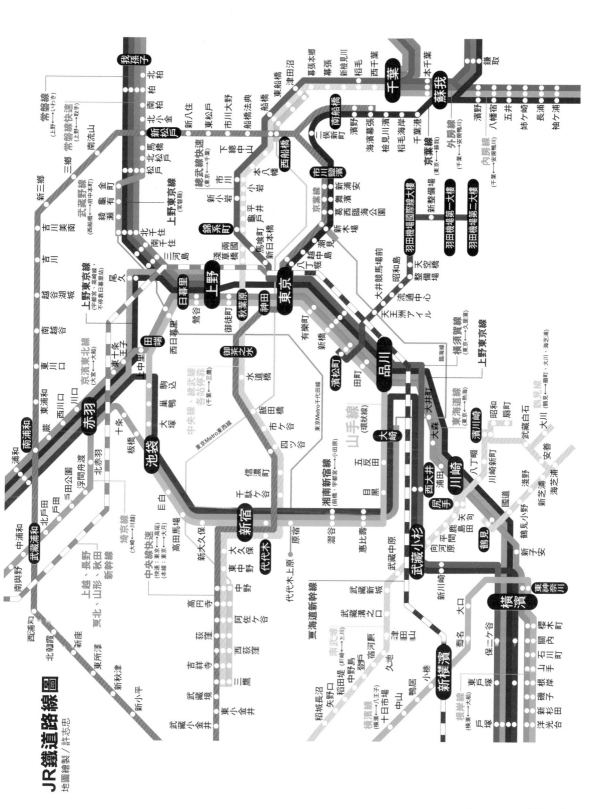

JR鐵道路線圖

地圖繪製／許志忠

作　　　者　老蝦
總　編　輯　張芳玲
發想企劃　taiya旅遊研究室
編輯部主任　張焙宜
企劃編輯　林云也
主責編輯　林云也
封面設計　許志忠
美術設計　許志忠
地圖繪製　許志忠

下飛機 Day by Day 愛上 東京

太雅出版社

TEL：(02)2882-0755　FAX：(02)2882-1500
E-mail：taiya@morningstar.com.tw
郵政信箱：台北市郵政53-1291號信箱
太雅網址：http://taiya.morningstar.com.tw
購書網址：http://www.morningstar.com.tw
讀者專線：(04)2359-5819 分機230

出　版　者　太雅出版有限公司
　　　　　　台北市11167劍潭路13號2樓
　　　　　　行政院新聞局局版台業字第五○○四號

總　經　銷　知己圖書股份有限公司
　　　　　　106台北市辛亥路一段30號9樓
　　　　　　TEL：(02)2367-2044 / 2367-2047　FAX：(02)2363-5741
　　　　　　407台中市西屯區工業30路1號
　　　　　　TEL：(04)2359-5819　FAX：(04)2359-5493
　　　　　　E-mail：service@morningstar.com.tw
　　　　　　網路書店 http://www.morningstar.com.tw
　　　　　　郵政劃撥 15060393(知己圖書股份有限公司)

法律顧問　陳思成律師

印　　　刷　上好印刷股份有限公司 TEL：(04)2315-0280
裝　　　訂　大和精緻製訂股份有限公司 TEL：(04)2311-0221

初　　　版　西元2020年01月01日
定　　　價　350元

(本書如有破損或缺頁，退換書請寄至：台中市工業30路1號 太雅出版倉儲部收)

ISBN 978-986-336-355-2
Published by TAIYA Publishing Co.,Ltd.
Printed in Taiwan

編輯室：
本書內容為作者實地採訪資料，書本發行後，開放時間、服務內容、票價
費用、餐廳、旅館、大眾運輸交通等，均有變動的可能，建議讀者多利用
書中網址查詢最新的資訊，也歡迎實地旅行或居住的讀者，不吝提供最新
資訊，以幫助我們下一次的增修。聯絡信箱：taiya@morningstar.com.tw

國家圖書館出版品預行編目(CIP)資料

下飛機Day by Day 愛上東京 / 老蝦作.
　初版. ——臺北市：太雅, 2020.01
面；　公分. -- (世界主題之旅；603)
ISBN 978-986-336-355-2(平裝)

1.自助旅行 2.日本東京都

731.72609　　　　　　　　　108016050

填線上回函，送 "好禮"

感謝你購買太雅旅遊書籍！填寫線上讀者回函，
好康多多，並可收到太雅電子報、新書及講座資訊。

每單數月抽10位，送珍藏版「祝福徽章」

方法：掃QR Code，填寫線上讀者回函，
就有機會獲得珍藏版祝福徽章一份。

填修訂情報，就送精選「好書一本」

方法：填寫線上讀者回函，並提供使用本書後的修
訂情報，經查證無誤，就送太雅精選好書一本(書
單詳見回函網站)。

＊同時享有「好康1」的抽獎機會

下飛機 Day by Day
愛上東京

ppt.cc/fyhzKx

＊「好康1」及「好康2」的獲獎名單，我們會
於每單數月的10日公布於太雅部落格與太雅
愛看書粉絲團。

＊活動內容請依回函網站為準。太雅出版社保
留活動修改、變更、終止之權利。

太雅部落格 http://taiya.morningstar.com.tw
有行動力的旅行，從太雅出版社開始